트럼피즘과 관세전쟁
자유무역에서 약탈의 시대로

트럼피즘과 관세전쟁
자유무역에서 약탈의 시대로

TRUMPISM AND TARIFF WAR

노영우 지음

미래의창

프롤로그

세계경제를 이해하는 키워드 '관세'

'관세는 경제 이야기다'

관세가 세계경제를 설명하는 키워드인 시대다. 관세는 물건이 국경을 건널 때 부과되는 세금이다. 그동안은 누가 얼마를 어떻게 내는지 관심이 없었던 사람이 태반이었다. 반전은 2025년에 일어났다. 관세가 연일 언론에 등장하면서 우리나라는 물론 세계경제를 들었다 놨다 한다. 관세가 담고 있는 이야기를 올바로 해석하는 것이 어느 때보다 중요해졌다.

관세는 어떤 이야기를 담고 있을까? 먼저 생존이다. 미국의 경제학자 오토 맬러리Otto T. Mallery(1881~1956)는 "물건이 국경을 넘지 않으면 군인이 넘는다"라고 했다. 관세는 물건이 국경을 넘는 행위인 무역을 결정짓는 요소다. 맬러리는 "무역에서 족쇄가 풀리지 않으면 하늘에서 폭탄이 떨어질 것"이라며 관세와 무역이 국가의 생존을 좌우한다고 강조했다.

역사적 사례도 이를 증명한다. 기원전 400년경 아테네가 바다의 지배력을 이용해 스파르타의 해상 무역을 차단하면서 스파르타와 아테네는 전면전을 벌였다. 그 결과 그리스 지역 패권은 전쟁에서 이긴 스파르타로 이동한다.

18세기 영국은 식민지였던 미국을 압박하기 위해 차와 설탕에 대한 관세를 대폭 올리고 영국과 식민지 간 무역에 영국 선박만 이용할 수 있도록 강제한 항해법으로 무역을 통제했다. 미국은 이에 반발해 영국을 상대로 전쟁을 일으켰고 이 전쟁의 승리가 미국 독립으로 이어진다.

그랬던 미국 역시 1920년대 불황을 막기 위해 세계를 상대로 대규모 관세를 부과했다. 이 결과 전 세계의 경제가 공황에 빠져들었고 이는 결국 제2차 세계대전의 원인을 제공했다.

물자가 국경을 넘지 못하자 군인이 국경을 넘은 역사적 사례들이다. 역사에서 보듯이, 무역은 단순히 한 나라가 먹고사는 문제를 해결하는 수단을 넘어 국가의 생존을 보장하는 필수 조건이었다.

관세가 담고 있는 두 번째 이야기는 권력이다. 개인의 힘과 국가의 힘이 어우러져 관세라는 것이 결정된다. 도널드 트럼프 미국 대통령이 2025년 들어 전 세계를 상대로 '관세 폭탄'을 투하한 것도 미국이라는 나라의 힘이 있었기에 가능한 일이다. 한국, 유럽, 일본 등 각국이 미국에 수천억 달러의 투자를 하는 대신 관세율을 낮춰달라고 하는 것도 뒤집어 보면 미국의 힘에 대한 굴복이다. 2016년 미국과의 무역전쟁에서 속수무책 당했던 중국이 2025년에는 미국과 대등하게 맞서는 것도 중국의 힘이 커졌기 때문이다.

관세는 개인과 기업 등 개별 경제주체의 힘도 반영한다. 특정 기업의 정치적 입김이 셀 때와 약할 때를 구분해 산업별 관세가 책정된다. 정치적 힘이 강한 기업이 만드는 물건의 동종 수입품 관세는 높아진다. 반면 소비자의 힘이 셀 때는 관세가 낮아진다. 관세를 보면 권력의 분포와 균형 그리고 권력의 이동을 파악할 수 있다.

관세가 담고 있는 또 다른 이야기는 관계다. 세계무역기구WTO는 전 세계를 관세를 통해 하나로 묶었다. 모두가 관세를 조금씩 낮춰가며 공동 번영을 추구하는 동반자 관계로 규정했다. 그러나 이 관계는 오래가지 못했다. 하나의 관세로 묶였던 국가들은 지역별로 나뉘어지고 뿔뿔이 흩어졌다. 급기야 트럼프는 미국과의 친소 관계를 관세에 반영했다. 그마저도 시도 때도 없이 바꿀 수 있도록 만들었다.

세계는 관세를 통한 관계로 재편되고 있다. 이 과정에서 각국은 가까운 나라와 먼 나라로 나뉜다. 한 나라와의 관계가 가까워졌다가 멀어지기도 한다. 이 모든 관계 변화가 관세로 표출되는 시대가 됐다.

이 책은 관세 안에 있는 이야기를 하나씩 꺼낸다. 역사와 현실에서 발생하는 사실들과 이들을 관통하는 경제학적 지식으로 관세를 설명한다.

1장에서는 관세가 인류 역사에서 언제 어떻게 등장했는지를 다룬다. 관세가 등장한 구체적인 배경과 그 효과는 어떻게 전개됐는지를 조망한다. 이어 관세를 관통하는 경제적 원리인 상호주의reciprocity 개념을 설명한다. 상호주의는 한 마디로 국가 간 주고받는 것을 동등하게 해 어느 한 나라가 일방적으로 손해 보는 일이 없도록 하자는 것이다.

2장에서는 제2차 세계대전 후 본격적으로 전개된 세계화 시대의 무역 질서를 살펴보고 이 과정에서 '상호주의'가 어떻게 구현됐는지 설명한다. 관세 및 무역에 관한 일반협정GATT과 세계무역기구WTO를 통한 국제 무역 질서가 형성되는 과정에서 선진국과 개발도상국은 서로 다른 생각을 가지고 참여했다. GATT와 WTO는 협상의 효율성을 높이기 위해 다자간 무역협정을 추구했지만 다자간 협정 자체가 나중에 무역의 세계화를 발목 잡는 족쇄가 되는 과정도 들여다본다.

3장과 4장에서는 미국의 문제를 다룬다. 전후 세계화 질서를 추진했던 미국은 '자유무역 질서의 수호자'와 '자국 이익 우선론자'라는 두 얼굴을 갖고 있었음을 다양한 사례를 통해 보여준다. 이어 도널드 트럼프 미국 대통령이 2025년 들어 왜 관세 폭탄을 무기로 한 보호무역주의를 들고 나왔는지를 살펴본다. 트럼프는 그동안 미국은 불공정 무역의 희생자였다고 주장하며 불공정 무역을 바로잡기 위해 상호주의를 내세웠다. 그가 말한 상호주의가 과거 WTO와 GATT가 추구했던 상호주의와 어떻게 다른지 알아본다.

5장의 주제는 중국이다. 중국이 세계 무역 질서에 편입하는 과정에서 발생한 문제점과 이로 인해 중국과 다른 나라 간의 불균형 무역이 형성된 과정을 살펴본다. '중국은 세계 무역 질서로부터 최대 수혜를 입었지만 책무는 다하지 않은 국가'라는 비판이 왜 나왔는지에 대해 설명한다. 아울러 미국과 중국 간에 벌어지는 무역전쟁의 실체와 전망에 대해서도 다룬다.

마지막 6장은 2025년 관세전쟁을 관통하는 이데올로기를 '약탈적 상호주의'로 규정한다. 또 새롭게 형성되는 질서가 상당 기간 오래 갈 수밖에 없는 이유에 대해 설명한다. 역사적으로 약탈적 상호주의가 득세했을 때는 경제는 물론 정치·군사적으로도 전 세계에 긴장 국면이 조성됐다. 소규모 개방경제이면서 정치·외교적으로도 강대국들 사이에 끼어 있는 한국이 어떻게 힘난한 시대를 헤쳐 나가야 할지에 대해 모색한다.

관세는 더 이상 해외여행 때나 한번 들여다보게 되는 세금이 아니다. 한 나라의 경제, 나아가 세계경제의 과거, 현재, 미래를 보여주는 나침반이다. 개인에게는 자신의 부를 쌓고 지키는 지식을, 국가에게는 생존과 번영을 위한 아이디어를 관세의 이해를 통해 얻을 수 있다. 특히 무역을 통해 성장해왔고 앞으로도 무역을 통해 발전해야 하는 한국인이라면 반드시 알아야 할 개념이기도 하다.

이 책과 더불어 조금이나마 관세와 경제에 대한 이해가 깊어졌으면 하는 바람이다.

노영우

차례

프롤로그 세계경제를 이해하는 키워드 '관세' 5

1장 · 무역과 관세의 탄생   13

인류 역사와 함께한 관세 | 애덤 스미스의 선견지명 | 자유무역은 '선' 보호무역은 '악' | 영국과 프랑스의 상호주의 사례 | 상호주의는 빛 좋은 개살구? | '자유무역'이라는 신기루 | 관세의 정치적 입김 | 큰 나라 vs. 작은 나라 각기 다른 셈법 | 수출 탄력성 vs. 수입 탄력성

2장 · 세계화 시대의 무역과 관세   53

GATT 체제의 개막 | WTO, 무엇이 다른가 | 양허관세 논란 | 비관세 장벽의 종류 | 비관세 장벽, 선진국일수록 높은 이유 | 도하 라운드와 다자간 협정의 붕괴 | 지역주의의 부활 | 세계화 이데올로기의 균열

3장 · 미국의 문제   97

관세전쟁으로 탄생한 나라, 미국 | 미국의 고무줄 관세 정책 | 관세율의 변화 추이, 한국과 비교 | 트리핀의 딜레마 | 달러의 폭력, 플라자 합의 | 미국을 구한 달러, 양적완화 | 달러패권의 대가 | 미국 부채의 이면 | 병든 사자 주위로 몰려드는 하이에나

4장 · 트럼프 라운드　　139

닉슨의 부활? | 트럼프가 바꾼 국제 질서 | 트럼프 2기 보호무역주의 | 상호주의 가면을 쓴 일방주의 | 신의 한수, 미란 보고서 | 투자금도, 이익도 모두 갖겠다는 발상 | 트럼프 논리의 취약성 | 트럼프가 넘어야 할 산 | '트럼프 라운드'의 결말은 | 미국이 두려워하는 것들 | 미국이 안고 있는 모순들

5장 · 중국의 대응　　191

중국의 WTO 가입과 경제발전 | 맷집이 커진 중국 | 중국의 강력한 카드 | 중국 위안화의 부상

6장 · 약탈의 시대 살아남기　　211

트럼프 관세의 부메랑 | 관세 게임에서 이기는 전략 | 무역에서 금융으로, 상존하는 외환위기 | 미중 사이에 끼인 한국의 선택 | 수출 기업과 내수 기업의 양극화

에필로그 관세 IQ 높이는 법　245

1장

TRUMPISM AND TARIFF WAR

무역과 관세의 탄생

인류 역사와
함께한 관세

무역이라는 단어에는 항상 서로 구분되는 국가라는 집단이 전제돼 있다. 예나 지금이나 개인 간의 거래와 국경을 넘어 이뤄지는 거래는 본질적으로 다르다. 국가 간에는 거래를 하기 전에 교역 규칙을 정하는 일종의 무역협정을 먼저 맺게 된다.

기록이 남아 있는 인류 역사상 첫 무역협정은 기원전 2300년경 수메르 지역의 도시국가인 라가시와 움마 간 협정이다. 인접한 두 도시 국가라 무역협정은 국경선을 정하는 것부터 시작됐으며, 이를 통해 국가 간 경계가 생기고 도시국가의 소유라는 개념도 생겼다. 이들 두 국가는 상대 국가의 영토에서 경작을 할 경우 곡물의 일부를 해당 국가에 지급하도록 약속했다.

무역과 함께 늘 등장하는 것이 관세에 대한 이야기다. 당시 도시국가들은 육로나 수로를 통해 상대 국가의 물건이 들어오면 일종의 세금을 걷었는데, 이것이 바로 오늘날의 관세에 해당하는 세금이다.

기원전 1700년대에 바빌로니아 왕국에서 만들어져 인류 최초의 성문법이라 불리는 함무라비 법전에는 상인, 무역업자, 운송업자 등에 대한 규정을 포함하여 각종 세금과 무역 관세가 명시돼 있다. 다만 당시 관세는 국내 생산자를 보호한다는 측면보다는 국가의 재정을 충당하는 목적이 강했다.

기원전 1259년, 고대 이집트와 히타이트 제국이 '카데시 협정'을 맺었다. 이 협정을 통해 양 국가의 상인들은 상대 국가에 가서 물건을 교환할 때 안전을 보장받았으며, 한쪽 나라에서 범죄를 저지르고 다른 나라로 도망간 사람은 본국으로 송환하기로 약속했다. 아울러 한 국가에 기근이 발생하면 다른 나라가 식량을 제공해줄 수 있도록 했다.

기원전 5세기, 고대 그리스 국가 간에도 협정을 맺어 무역을 촉진했다는 기록이 있다. 이 국가들은 상대 국가에게 항구 사용을 허가하고 통행료를 감면하거나 면제해주기도 했다. 아울러 외국 상인을 보호하는 법을 제정하기도 했으며 특정 상품을 구매할 때 특정 도시에게 우선권을 주기도 했다.

고대 무역협정들에는 공통된 몇 가지 특징이 있다. 먼저 국가 간 평화가 거래에 우선했다. 평화가 깨지면 교역도 깨졌다. 또 국가 간에 무역과 관련된 원칙을 약속하고 이를 통해 무역이 이뤄졌다는 점이다. 무역과 함께 관세에 대한 이야기가 항상 같이 등장한 것도 공통점이다.

개인 간에는 서로 물건을 교환하고 그 다음에 거래 규칙을 만드는 것이 일반적이었지만 국가 간에는 그 순서가 반대였다. 먼저 국가가 거래에 개입할 수 있는 명분과 이유가 분명해야 했다. 그러나 국가 간의 약속은 늘 깨지기 쉬웠다는 점도 발견할 수 있다. 한 국가의 세력이 약해지거나 상대방 국가의 힘이 강해지면 불균등한 무역의 원칙이 새롭게 만들어졌고, 또 이미 체결된 무역 원칙이 바뀌는 경우도 종종 발생했다.

로마의 아시아 관세법Lex Portorii Asiae은 기원전 62년 로마에서 아시아와 거래하는 상품에 대해 구체적인 관세율을 명문화한 법이다. 현존하는 가장 오래된 관세 일정표로 돌에 새겨져 있다. 이 법에 따르면 아시아와 그 주변 지역을 통해 수입되거나 수출되는 물품에는 현재 비율로 환산하면 약 2.5% 정도의 세금을 물리도록 하고 있다. 육로나 해로의 구분이 없고 국왕이 설립한 기관이 세금 징수 업무를 총괄했다. 수입과 수출 모두에 세금을 징수한 점도 특징이다. 당시 관세는 오늘날과 같은 무역세라기보다 일종의 통행세 개념에 가까웠다.

또 광물을 수입할 때는 로마 단위 기준으로 100파운드를 들여올 때 4개의 동전을 세금으로 납부하도록 했다. 이를 현대의 단위로 환산하면 광물 32.9킬로그램을 수입하면 당시 하루 임금의 4분의 1 정도를 세금으로 거뒀다는 계산이 나온다. 고대에도 세관의 역할을 하는 기관도 있었고 품목별 관세율도 비교적 세밀하게 정해져 있었음을 확인할 수 있다. 이러한 로마 제국의 법은 이후에도 관세를 부과하는 근거로 활용된다.

로마의 뒤를 이은 비잔틴제국(동로마제국)은 동양과의 무역 통로인

실크로드를 통한 무역에 관세를 부과했다. 이를 거두는 역할은 주로 봉건영주, 도시 당국, 수도원 등이 담당했다. 이슬람 칼리프 국가들도 7~10세기 바스라와 알렉산드리아 같은 주요 항구에서 관세를 부과했다. 당시까지도 관세는 상인들의 거래의 안전을 보장하는 대가로 여겨졌다.

관세의 성격이 달라진 것은 16세기 중상주의 사조가 유럽을 지배하면서부터다. 중상주의는 한마디로 생산보다는 교역을 통해 국가의 부를 축적해 부강한 나라로 만들겠다는 사상이다. 국가의 부는 금을 포함한 귀금속으로 계산된다. 금은 등을 많이 모으는 가장 단순하면서도 확실한 방법은 외국에 물건을 많이 팔고 외국 물건은 덜 사는 것이었다.

따라서 이 시기부터 관세를 비롯한 각종 수입 제한 조치는 외국산의 수입을 줄이는 수단으로 본격적으로 활용됐다. 관세를 매기면 외국산 물건값은 비싸지고 이로 인해 수입은 줄어든다. 동시에 수출을 늘려 국가의 금 보유량을 늘리는 것이 최우선 정책이 됐다.

본격적인 보호무역 조치 중 하나는 1651년 영국 의회가 공표한 항해법Navigation Acts이다. 이 법에 따라 아시아, 아프리카, 아메리카의 상품은 영국 또는 영국 식민지 선박을 통해서만 영국에 운송할 수 있었다. 유럽 상품의 경우에도 해당 상품의 생산국 선박 또는 영국 선박만 이용하도록 했다. 이는 당시 해상 무역을 장악했던 네덜란드 상인들의 중계무역을 제한하여 자국 해운업을 보호하기 위함이었다.

이후 영국은 중상주의 정책을 더욱 강화했다. 1660년에는 법으로

16세기 중상주의의 시작과 함께 유럽 각국은 강력한 보호무역 조치를 취하기 시작했다. 자국 선박에만 운송을 허락한 영국의 '항해법'이 대표적이다.

설탕, 담배 등 특정 식민지 상품은 오직 영국으로만 수출하도록 의무화했으며, 1663년에는 유럽에서 식민지로 향하는 모든 상품이 영국을 반드시 거쳐가도록 하는 법을 제정했다. 이러한 조치들은 관세 수입을 늘리고 영국 상인에게 무역 독점을 보장하는 등 영국의 국력을 이용해 식민지 무역을 통제하는 전형적인 정책들이었다.

한편, 비슷한 시기 프랑스의 재무총감 장바티스트 콜베르도 강력한 중상주의 정책을 펼쳤다. 그는 1664년과 1667년 두 차례에 걸쳐 높은 관세를 부과하여 네덜란드와 영국의 수입품을 제한하는 등 자국 산업을 육성하고 보호하고자 했다. 이러한 중상주의 정책들은 유럽 각지로 확산됐다.

애덤 스미스의
선견지명

"모든 나라의 국민들은 그들이 원하는 것을 가장 싼값에 살 수 있어야 한다."

'보이지 않는 손'으로 잘 알려진 현대 경제학의 아버지 애덤 스미스는 저서 『국부론』에서 국제무역과 관련된 다양한 아이디어도 함께 제시했다. 그의 아이디어는 훗날 데이비드 리카도, 엘리 헤크셰르, 베르틸 올린은 물론 폴 크루그먼, 마크 멜리츠 등 쟁쟁한 경제학자들을 통해 경제 모형으로 발전했고 현실에도 적용됐다.

스미스가 『국부론』에 쓴 국제무역과 관련한 내용은 매우 구체적이고 현실적이다. 먼저 국가가 무역을 하는 이유는 국민들의 '소비'를 위한 것이라는 점을 분명히 했다.

예를 들어, 영국은 옷값이 싸고 포르투갈은 와인이 싸다. 이때 두 나라가 인적·물적 자원을 옷과 와인을 만드는 데 집중하고 자유로운 무역을 통해 서로 교환한다면 두 나라 국민들은 모두 만족스러운 소비를 할 수 있다. 스미스는 국부론에서 "이 논리는 누가 봐도 반박

자유무역의 옹호자로 알려진 애덤 스미스도 일부 보호주의 정책을 옹호했다. 특히 그는 국가의 안보가 경제적 풍요보다 우선한다고 했으며, 전쟁이 발발할 정도의 위급 시에는 보호 정책이 필요하다고 말했다.

할 수 없는 너무도 당연한 얘기"라고 했다. 훗날 경제학자들은 이를 '무역의 이익'이라고 불렀다. 국가가 무역 장벽을 없앨수록 자원은 효율적으로 이용되고 해당 국가의 국민들이 누리는 무역의 이익은 커진다.

그런데 스미스는 이처럼 '당연한' 얘기가 현실에 적용되기 어렵다는 점도 설명했다. 한 국가 안에서도 소비자와 상인·제조업자의 이해관계가 다르기 때문이다. 영국이 와인을 포르투갈에서 싼값에 수입해 공급하면 영국에서 와인을 만드는 사람들은 경쟁에 밀려 피해를 보게 된다. 이 때문에 자유무역에 반대하는 목소리는 언제나 존재한다는 것이다.

스미스는 "상인과 제조업자들은 국민들의 이익 증대라는 보편적인 상식보다는 각종 궤변sophistry으로 국가 내에서 독점적 지위를 가지려고 한다"고 했다. 이 때문에 관세를 비롯한 각종 보호무역 조치가 필요한 것이다. 스미스는 자유무역의 이상과 보호무역의 현실을 정확히 짚었다. 스미스가 보호무역의 예로 꼽은 것은 수입 제한, 수출 장려금, 자국에 유리한 통상협정, 식민지 획득 등이다. 또한 그는 『국부론』에서 국제무역에서의 '눈에는 눈 이에는 이' 원칙도 인정했다. 스미스는 **"상대국의 관세를 낮추기 위한 목적의 보복관세는 국가의 무역정책으로서 정당화될 수 있다"**고도 했다. 상대국이 높은 관세를 매기는데 자국만 관세를 내리면 수출은 안 되고 수입만 늘어나 손해를 보기 때문이다.

국제무역에서는 이처럼 한쪽이 관세를 올리면 따라 올리고 관세를 내리면 따라 내리는 상호주의reciprocity 원칙이 적용된다. 상호주의를 넘어선 정치적 목적의 무역 보복은 또 다른 보복을 불러오는 악순환을 유발할 가능성이 높으므로 경계해야 한다.

스미스는 경제보다 국가 안보가 우선이라는 점도 인정했다. 국가의 안보를 위협할 때는 무역에 제한을 가할 수 있다는 것이다. 그는 17세기 영국이 당시 무역 강국인 네덜란드를 견제하기 위해 자국 또는 식민지의 선박만 영연방 국가에 입항하도록 허용한 '항해법'을 두둔했다. 또한 정부의 보조금 지급은 반대했지만 고래잡이 어선인 포경선에 대한 장려금은 허용돼야 한다고 했다. 이 역시 전쟁을 대비한 조치였다. 즉, 스미스가 보호무역의 필요성을 주장한 것은 이처럼 전쟁이 발발할 만한 긴박한 상황에서였다. 실제로 17세기 당시 네덜란드는 영국의 항해법에 강력 반발했고 결국 두 나라는 전쟁을 벌였다.

자유무역은 '선'
보호무역은 '악'

스미스에 이어 국제무역 이론을 한층 더 발전시킨 데이비드 리카도의 '**비교우위론**'도 당시 경제 상황 속에서 탄생한 이론이다. 이 이론의 핵심은 두 나라가 절대적으로뿐만 아니라 상대적으로 잘 만드는 물건에 집중해서 생산해 교환을 하면 양국 모두 이익을 볼 수 있다는 것이다. 리카도의 이론이 발표된 후 전 세계적으로 '**자유무역은 선, 보호무역은 악**'이라는 생각이 확산되었다. 하지만 리카도의 비교우위론이 나오기까지의 영국의 경제 상황을 살펴보면 보호무역과 자유무역을 무 자르듯 이분법으로 판단하기는 어렵다.

1800년대 초반 영국은 '**곡물법** Corn Laws' **파동**'을 겪는다. 나폴레옹 전쟁으로 한동안 올랐던 곡물 가격이 전쟁 후 급격히 떨어지자 영국은 자국 농민들을 보호하기 위해 1815년 곡물법을 의회에서 통과시킨다. 이 법에 따라 영국의 곡물 가격이 일정 수준 이하로 떨어지면 해외로부터 곡물 수입을 중단했다. 또 국내 곡물 가격이 높을 때는 해외로부터 들여오는 곡물에 높은 관세를 부과했다. 곡물법이 시행되면서 영국의 곡물값은 항상 높은 수준을 유지했다.

당시 영국은 인구가 빠르게 증가하는 시기로, 그에 따라 곡물에 대한 수요 또한 꾸준히 늘어나고 있었다. 그러나 한편으로는 영국의 주요 제조업인 섬유산업의 호황이 끝나면서 제조업체들 사이에서 곡물값 상승으로 인한 임금 등 각종 비용 증가에 대해 불만의 목소리가 커졌다. 제조업주들은 물론 근로자들도 비싼 곡물값으로 고통을 받았다. 그 결과 영국 내부에서 농업 위주의 보호 정책에 대한 비판 여론이 높아졌다. 급기야는 중산층과 근로자 계층을 중심으로 '곡물법 반대 동맹'이 결성되기도 했다.

곡물법을 둘러싸고 영국 농민들과 제조업자들 간에 정치적인 대립이 심화됐다. 제조업자들은 국제 교역 확대를 통해 프랑스나 포르투갈에서 싼값에 곡물을 수입해 곡물 가격을 낮춰야 한다고 주장한 반면 농민들은 곡물에 대한 높은 관세가 계속 유지돼야 한다고 맞섰다.

리카도의 이론은 이런 분위기를 배경으로 하고 있다. 그는 국가

데이비드 리카도는 비교우위에 기반한 상대적 이익의 개념을 내세우며 자유무역의 장점을 옹호했다. 농민들과 제조업자들 간의 대립이 낳은 사회적 갈등이 비교우위론의 배경으로 작용했다.

19세기 영국의 곡물법 파동은 농업을 보호하기 위한 정부의 조치가 사회적 불평등과 혼란을 야기한 대표적 사례로 꼽힌다. 제조업의 발달로 지주들의 영향력이 줄어들면서 1846년 곡물법이 폐지되었고 이는 영국이 제조업 수출 국가로 탈바꿈하는 계기가 됐다.

간 자유무역을 허용하면 국가의 이익을 증대시킬 수 있다는 '비교우위론'을 제기했다. 영국이 상대적으로 경쟁력이 높은 상품인 제조업에 집중을 하고 이를 통해 다른 나라와 자유롭게 무역을 하면 영국의 국익이 증대한다는 논리다. 상대적이라는 개념을 앞세우면 세계 모든 나라가 교역을 통해 이익을 올릴 수 있다. 이런 점에서 비교우위론은 자유무역 이론의 효시로 받아들여진다. 들끓는 국민들의 여론과 이를 뒷받침하는 탄탄한 경제 논리로 인해 영국 의회는 1846년 곡물법을 폐지했고, 영국은 자유무역을 표방하는 국가로 탈바꿈한다.

1846년 영국의 곡물법 폐지는 여러 측면에서 상당히 중요한 의미를 가지는데, 먼저 영국 내에서 지주들의 정치적 영향력이 줄어들고 그 자리를 새로 부상하는 제조업 종사자들이 차지하는 과정을 반영한다. 국가 경제적으로도 제조업의 비중이 커지던 시기다. 이를 배경으로 영국 의회는 곡물법을 폐지했고 리카도의 비교우위론은 이 같은 결정을 정당화하는 경제 논리로 활용됐다.

국제무역에 정치가 개입하는 이유는 무역정책의 변화로 인해 이득을 보는 계층과 손해를 보는 계층이 생기기 때문이다. 영국 곡물법 파동에서 보듯 무역으로 이득을 보는 계층은 시장 개방을 환영하는 반면 개방으로 손해를 보는 계층은 개방을 적극적으로 반대한다. 곡물법 파동 이후 영국은 곡물을 해외에서 수입하고 섬유 제품을 비롯한 각종 제조품을 만들어 수출하는 국가로 탈바꿈했다.

영국에서 자유무역 이론이 형성되고 발전하는 과정은 이렇다. 먼저 경제적으로 변화가 발생한다. 그렇게 되면 정치가 경제 상황을 반영해서 변한다. 이때 지식인들은 새로운 이론을 만들어내 정치·경제적인 변화를 촉진한다. 그 결과 과거와는 다른 새로운 무역 정책이 만들어진다. 이처럼 무역 이론은 언제나 상대적이다.

영국과 프랑스의
상호주의 사례

19세기는 중상주의와 자본주의가 중첩되는 시기다. 초반까지만 해도 중상주의 사조가 유럽을 지배하면서 각국의 보호주의가 기승을 부렸다. 중상주의 이데올로기는 다른 나라의 사정은 감안하지 않고 자국 산업을 최대한 보호하기 위해 관세를 부과하는 것을 당연시하던 시대의 산물이다.

당시 프랑스는 섬유류에 대해 최대 50%의 관세를 부과하고 있었다. 철강 제품의 관세율은 40%, 기계류에 대해서는 수입 제한 조치를 취하고 관세도 30%가 넘었다. 한편 산업혁명으로 제조업이 발달한 영국은 프랑스산 제품에 대해 10%대의 관세를 부과했고 곡물법 파동 이후 프랑스산 곡물에 대해서는 관세를 부과하지 않았다.

그러던 중 1860년 영국과 프랑스는 **코브덴-세발리에 조약**Cobden-Chevalier Treaty을 체결한다. 이 조약을 통해 프랑스는 영국으로부터 들여오는 수입품에 대한 관세의 상한선을 30%로 정하고 향후 점진적으로 낮추기로 약속한다. 한편 영국은 프랑스산 실크에 대해 부과했던 관세를 철폐한다. 1861년, 프랑스는 관세율을 25%로 낮추고 다른 수입 제한 조치들도 폐지한다.

18세기 중반부터 영국에서 일어난 산업혁명을 기반으로 영국의 제조업은 비약적인 발전을 한다. 반면 프랑스는 아직도 산업이 발달하지 않은 상태였다. 두 나라는 이런 상태에서 관세협정을 통해 서로가 윈윈하는 방법을 찾았다.

두 나라가 처한 상황을 정치경제학적 논리로 풀어보면 이렇다. 프랑스는 영국보다 제조업 기술이 열악하다. 이 때문에 프랑스의 제조업자들은 프랑스 정부에 자신들을 보호해줄 것을 요구한다. 프랑스 정부는 자국의 제조업을 보호하기 위해 영국산 제조품에 50%의 관세를 부과한다. 생산성의 격차를 감안하면 이 정도 관세를 부과해야 프랑스 제조업자들의 가격 경쟁력이 확보되는 수준이다. 반면 프랑스의 와인 생산자들은 영국 와인에 비해 제품 경쟁력이 있다. 영국은 면방직 산업의 경쟁력이 높아 이 분야의 관세가 낮지만 자국의 와인 제조업자들을 보호하기 위해 프랑스산 와인에 대해서는 상대적으로 높은 관세를 부과한다.

이런 상황이라면 양국 간에 협상의 여지가 생긴다. 프랑스 정부는 면방직 제조업자들을 보호해야 하지만 와인 제조업자들의 시장을 확보해줄 필요도 있다. 영국은 와인 제조업자들을 보호하는 동시에 면방직 제조업자들의 수출길을 열어줘야 한다.

영국은 와인에 대한 관세를 낮춰주는 대가로 프랑스가 면방직 제품에 대한 관세를 낮춰줄 것을 요구하고 프랑스는 이를 받아들인다.

이른바 상호주의 무역협상의 결과, 양국은 동시에 수입품에 대한 관세를 낮춰주는 결정을 내리게 되고, 이것이 바로 코브덴-셰발리에 조약이 탄생한 배경이다. 세계 최초의 근대적 자유무역 협정으로 기록되는 이 조약을 통해 프랑스와 영국의 상호 수출량이 2배로 늘어나는 등 경제적으로 매우 긍정적인 효과를 거두었다.

프랑스가 이 조약을 체결하게 된 이유는 여러 가지다. 먼저 낙후된 제조업을 활성화시키기 위해서는 선진 기술을 도입할 필요가 있다. 교역을 통해 영국의 발달한 제조업 제품이 프랑스로 들어오고 이를 통해 프랑스 제조업을 한 단계 업그레이드시킬 수 있을 것으로 여겨졌다. 물론 처음에는 프랑스 제조업체들이 어려움을 겪겠지만 이를 감수할 필요가 있다고 본 것이다. 프랑스는 영국의 와인 관세를 낮춰줄 것을 요구했는데, 제조업 수입을 늘리는 대신 와인 수출을 늘려 무역의 균형을 맞추겠다는 취지다.

영국 입장에서는 제조업 시장에서의 기술 우위로 시장을 넓히는 것이 유리하다는 판단이었다. 앞서 영국은 이미 곡물법 폐지로 농산물에 대한 수입을 사실상 자유화한 상태였기 때문에 와인에 대한 관세를 낮추는 데 별 부담이 없었다.

이처럼 제조업이 발달한 국가와 농업 외에는 수출할 물건이 없는 국가 간의 무역 협상은 대체로 비대칭적으로 이뤄진다. 프랑스는 제조업 분야의 관세를 낮췄지만 여전히 영국보다 높은 관세율을 적용했다. 반면 영국은 와인에 대한 관세를 0% 수준으로 낮췄다. 그러나 조약의 핵심은 관세의 절대적인 높낮이가 아니라 관세 인하를 통해 양국의 무역이 어떻게 전개될 것인지였다. 이런 점에서 영국과 프랑스가 관세를 낮추는 무역협정을 맺은 것은 충분히 '상호적'이라고 할 수 있다.

무역을 통한 이익은 단순히 각국의 관세율로 계산되는 것이 아니다. 영국은 와인에 대한 관세율을 0%로 내렸고, 프랑스는 기존 50%에 달하던 면방직 제품에 대한 관세율을 30%로 낮췄다. 관세율의 격차는 있지만 두 나라는 모두 이 협상을 통해 자국이 이익을 얻을 수 있을 것으로 판단했다. 즉, 관세율이 똑같아지는 협상이 아닌 관세 인하를 통해 얻는 이익이 협상의 기준이 됐던 것이다.

상호주의는
빛 좋은 개살구?

'상호주의'라는 말은 얼핏 매우 좋은 의미로 들린다. 너가 1을 주면 나도 1을 주고, 너가 2를 주면 나도 2를 주고, 반대로 너가 1을 빼면 나도 1을 빼는 식의, 서로가 비슷하게 주고받아 거래가 공평하게 이루어진다는 그런 느낌을 준다.

도널드 트럼프 미국 대통령은 관세전쟁을 선포하며 그 근거로 '상호주의'를 전면에 내세웠다. 즉, 그동안 미국이 세계 다른 나라들과 교역하면서 크게 손해를 보는 입장이었으며, 이는 상호주의 원칙에 위배된다는 것이다. 그래서 이제 원상 복귀가 필요하다는 주장이다. 그렇다면 상호주의란 무엇일까? 말 그대로 공평하고 좋기만 할까?

미국의 문화인류학자인 살린 마샬Sahlins Marshall은 상호주의를 세 가지로 구분했다.

먼저 **'일반화된 상호주의**Generalized Reciprocity**'**란 즉각적인 보상을 바라지 않고 먼저 주는 것을 의미한다. 그렇다고 보상이 없는 것은 아니다. 시간과 장소를 특정하지는 않지만 서로에게 보상을 기대하는 것은 마찬가지다. 가족 간에 서로 주고받는 것, 친구나 연인에게 뭔가를 먼저 베푸는 것 등이 이런 상호주의에 해당한다. 즉각적인 교환은 이뤄지지 않지만 언젠가는 서로에게 보상을 해줄 것이라고 믿는 것이다. 혹, 나중에 합당한 보상이 이뤄지지 않더라도 그것 때문에 관계가 무너지지는 않는다.

'**균형화된 상호주의**Balanced Reciprocity'는 말 그대로 서로 비슷한 것을 주고받는 것을 말한다. 시장에서 물물교환을 하는 것이 여기에 해당된다. 국가 간 무역도 이런 상호주의에 해당한다고 볼 수 있다.

'**부정적 상호주의**Negative Reciprocity'도 있다. 이는 주는 것보다 더 많은 것을 받으려고 하는 것을 말한다. 강자가 약자를 괴롭혀 뭔가를 뺏는 것이 여기에 해당된다. 국가 간에도 과거 제국주의 시대에는 강대국이 약소국을 침략해 금이나 은 등의 귀금속을 말도 안 되는 가격으로 교환하거나 약탈했다. 식민지 시대의 국가 간의 거래는 대부분 불공정 거래였다. 이런 것들이 부정적 상호주의에 해당한다.

상호주의를 전제로 하는 국제무역의 거래는 '주고 받고 갚는 것'으로 정리된다. 서로 간에 뭔가를 주고받고, 당장 균형이 맞지 않더라도 훗날 그 차이를 갚는 것으로 관계를 유지한다. 이런 방식의 상호주의는 표현되는 방식은 서로 다르지만 어느 시대나 있어왔다. 성경에는 "남에게 대접받고자 하는 대로 너희도 남을 대접하라"는 구절이 있으며, 동서고금을 통해 이런 규칙들은 '황금률Golden Rule'이라고 불렸다.

상호주의는 글로벌 경제질서에도 적용된다. 제2차 세계대전 이전까지만 해도 부정적 상호주의가 득세했다. 강대국이 약소국을 침탈해 각종 자원과 인력을 약탈하는 방식의 거래는 부정적 상호주의의 전형이다. 경제적 침탈에는 항상 군사력이 동반됐고, 그 결과 전 세계는 전쟁터로 내몰렸다.

제2차 세계대전 후에 전후 질서를 논의하기 위해 선진국들은 균형적 상호주의를 내세웠다. 객관적으로도 서로 간에 공정한 경제질서를 구축하기 위해 노력하자는 슬로건을 제기했다. 이 과정에서 전 세계적으로 '세계화'의 논리가 득세했다. '자유무역 확대'라는 명분을 내세웠지만 자유무역은 이상일 뿐 현실에서는 균형적 상호주의가 적용됐다. 서로 주고받는 것을 계산해서 교역을 하는 방식이다.

이 과정에서 일부 국가들은 균형적 상호주의를 실행할 수 있는 토대가 갖춰지지 않았다. 개발도상국의 경우 선진국이 제시하는 무역 시스템을 따라가기 힘든 상황이었고, 따라서 이런 국가들에 대해서는 일반적 상호주의 원칙이 적용되는 경우도 있었다. 개발도상국에 대해 당분간 일정 부분 혜택을 주지만 시간이 지나면서 이런 혜택을 갚아야 한다는 암묵적인 조건이 붙었다. 하지만 이런 것을 명문화한 문서가 있는 것은 아니었다. 또 나중에 이런 암묵적인 조건을 지키지 않는다고 처벌을 하거나 강제할 수 있는 수단도 없었다. 다만 인류의 오랜 관행에서 적용해왔던 상호주의의 원칙하에 이뤄진 일들이다.

하지만 이론적으로는 그럴듯한 일들이 현실에서 그대로 작동하는 것은 아니다. 힘이 센 국가들은 자신들이 불리한 상황에 놓이면 균형적 상호주의보다 부정적 상호주의를 따르는 경우가 종종 있어왔다. 2025년 들어서는 전 세계를 자유무역 국가 연대로 이끌겠다던 미국에서조차도 '부정적 상호주의'가 득세하기 시작했다.

이처럼 국제무역 질서는 '균형적 상호주의'를 표방하면서도 '일반적 상호주의'와 '부정적 상호주의'가 혼재하는 상황으로 전개돼왔다. 균형적·일반적 상호주의가 적용될 때 세상은 평화롭지만 부정적 상호주의가 득세하면 세상은 혼탁해진다. 심지어는 국가 간 전쟁으로까지 번지기도 한다.

2025년 도널드 트럼프 미국 대통령의 재집권 이후 국제 경제질서의 흐름이 부정적 상호주의로 흘러가고 있다. 역사적으로 부정적 상호주의의 말로는 늘 좋지 않았다. 강대국이 압도적인 힘을 가질 때는 이러한 체제가 한동안 유지되지만 이에 대한 반발도 커진다. 결국 부정적 상호주의를 실제 행하는 국가는 어느 순간 궁지에 몰리고, 이때부터 부정적 상호주의의 희생양이 됐던 국가들은 본격적인 반격에 나선다. 이 반격이 성공하면 경제 패권이 바뀐다. 국제경제 질서의 흐름을 정확히 짚어야 하는 이유다.

'자유무역'이라는
신기루

"장사꾼이 밑지고 판다"는 말처럼 뻔한 거짓인 줄 알면서도 자주 하는 말들이 있다. 일종의 관습이자 사회적 농담으로, 듣는 사람도 그냥 그러려니 한다. 경제에서도 자주 하는 거짓말이 있다. 그중 하나가 "국가가 자유무역을 추구한다"는 말이다. 이론적으로는 그럴듯하지만 실상은 거짓말이다. 그러나 같은 거짓말이라도 장사꾼의 거짓말과는 규모와 차원이 다르다.

자유무역은 국가 간에 물건을 사고팔 때 어떤 장벽도 없는 경우를 말한다. 내가 물건을 만들어 한국 사람한테 팔 때나 미국에 가서 팔 때나 똑같은 대우를 받는 것이다. 국경을 넘어갈 때 내야 할 세금도 없고 사람들이 한국 물건을 외면하지도 않고 물건을 많이 판다고 눈총을 받지도 않는다. 우리나라 기업이 다른 나라에서 물건을 팔 때 전혀 규제를 적용받지 않듯이 다른 나라가 우리나라에서 물건을 팔 때도 조금도 차별하지 않는 것이 자유무역이다.

자유무역을 하면 좋은 점이 많다. 우선 가장 좋은 물건을 가장 싼값에 살 수 있다. 전기차는 미국이 가장 잘 만들고 디지털 카메라는 일본이 제일 잘 만든다. 우리나라는 D램 반도체를 가장 잘 만든다. 물건을 잘 만든다는 것은 가성비가 좋다는 얘기다. 예를 들어 전기차는 미국 기업이 만들었을 때 다른 어떤 나라보다 비용도 적게 들고 품질도 좋다. 그럼 한국과 일본은 전기차를 미국에서 수입해 소비를 하면 만족도가 높다. 반면 한국은 반도체를 미국에 팔고 일본은 디지털 카메라를 미국에 판다. 미국 사람들도 낮은 비용으로 좋은 품질의 제품을 소비할 수 있다.

이런 식의 거래가 자유무역이다. 그럴듯해 보인다. 각자 자기가 잘 만들 수 있는 것에 집중해 물건을 만들고 이를 기반으로 다른 나라와의 교역을 통해 물건을 소비한다. 300년 전 애덤 스미스가 말했던 분업과 교환의 장점을 전 세계로 확대한 논리가 자유무역인 것이다.

그런데 모든 국가가 "자유무역을 원하고 이를 추구한다"는 것은 "장사꾼이 밑지고 판다"고 말하는 것과 같다. 왜 그럴까? 여러 가지 이유가 있다.

국가 간에는 물건을 만들 수 있는 능력에 있어 큰 차이가 있다. 굳이 기술 발전의 정도를 생각하지 않더라도 자연환경과 기후가 다르기 때문에 제품 간의 경쟁력도 각기 다르다. 무역은 각국의 산출물이 달라서 발생하는 경우가 많았다. 예를 들어, 20세기 초 소고기 생산량은 아르헨티나가 1등이고 자동차 생산량은 미국이 1등이었다. 이 경우, 아르헨티나는 소고기를 미국에 팔고 자동차를 사들여오는 식으로 무역이 이뤄진다. 서로가 부족한 것을 무역을 통해 충족시키는 방식이다.

하지만 모든 나라가 특출나게 잘 만드는 물건들이 있는 것은 아니다. 예를 들어, 1950년대 한국전쟁 이후의 우리나라는 자원도 부족하고 모든 것이 황폐화된 상태여서 당장 먹고 살기도 힘든 마당에 외국에 팔 만한 게 거의 없었다. 외국 제품을 수입해오고 싶어도 돈이 없었다. 당시 한국은 농수산물 같은 1차 산업의 품목 수출을 시작으로 점차 가발, 섬유 등의 경공업 제품으로 품목을 확대했고, 광물 자원 중 수출품목은 텅스텐이 거의 유일했다. 우리나라가 콜롬비아의 커피나 사우디아라비아의 석유처럼 전 세계를 상대로 팔 수 있는 물건을 만들기까지는 오랜 시간이 걸렸다. 지금은 우리나라의 반도체나 휴대폰 등이 세계적으로 각광받고 있지만 이런 산업을 육성할 때까지는 많은 시간과 비용이 들어간다.

외국산 제품에 문을 열어놓고 있기만 해서는 수출 산업을 육성하는 데 하세월이 걸린다. 이 때문에 일정 부분 수입을 제한하고 국내 산업을 육성하기 위해 보호무역 정책을 펴게 된다. 이를 통해 자국에서 경쟁력 있는 산업을 하나둘 육성한 다음 세계 시장에 진출하면 팔 물건도 생기고 사들여 올 물건도 생긴다. 이럴 때 서로 협상을 통해 자유무역을 도입하면 양국이 모두 이익을 볼 수 있다. 하지만 그 전까지는 국내 시장을 보호해야 할 필요가 있다.

국가 간 교역은 서로 다른 물건만 거래하는 것이 아니다. 제2차 세계대전 후 제조업이 발달하면서 국가 간에 비슷한 상품을 주고받는 경우가 크게 늘었다. 한국이 갤럭시 휴대폰을 미국에 수출하면서 동시에 아이폰을 수입하고, 삼성 컴퓨터를 중국에 팔면서 레노버 컴퓨터 제품을 들여오는 식이다.

소비자들은 각국의 제품을 비교해 가성비가 좋은 것을 선택한다. 품질이 비슷하면 더 싼 것을, 가격이 비슷하면 품질이 더 좋은 것을 고른다. 같은 상품을 놓고 벌어지는 국가 간 경쟁은 치열하고 그 결과는 가혹하다. 갤럭시가 싸고 좋다는 평가를 받으면 한국뿐 아니라 미국, 중국에서도 인기를 끌게 된다. 이로 인해 삼성은 글로벌 기업으로 성장하고 우리나라의 경쟁력도 높아진다. 반면 애플이나 샤오미 같은 경쟁 기업들은 해외는 물론 자국 시장에서도 밀려나며 위기에 몰린다. 이들은 삼성 때문에 자신들이 망하게 생겼다며 정부에 호소한다.

정부는 딜레마에 빠진다. 소비자는 좋은 제품을 싸게 살 수 있어 만족하지만, 자국 기업은 생존을 위협받기 때문이다. 이럴 때 현실적으로 많은 국가들은 소비자보다 기업 편을 들어 외국 상품 유입을 막는 보호무역 조치를 취한다. 이런 조치는 상대적이어서 상대국보다 더 강한 보호막을 쳐야 실효성이 생긴다. 이렇듯 보호무역 조치는 이제 각국의 필수적인 무역정책으로 자리 잡았다.

관세의
정치적 입김

모든 국민의 이익을 중시하는 공명정대한 정부라면 관세 수준을 정할 때, 이 관세로 소비자가 입는 손해, 생산자가 얻는 이익 그리고 정부의 관세 수입을 모두 고려해 국가 전체적으로 최대의 이익을 보도록 의사 결정을 할 것이다. 만약 관세가 없을 때 국가의 이익이 더 높다면 관세를 없애는 결정을 해야 한다. 하지만 세계 어느 나라 정부도 이런 결정을 하지 않는다. 대부분의 정부는 자유무역으로 손해를 보는 국내 기업들을 보호하기 위한 조치를 선택한다.

'관세와 정치'는 동전의 양면처럼 서로 떼려야 뗄 수 없는 관계다. 정치인들은 선거에서 이겨 정권을 잡는 것이 목표다. 정권을 잡은 정치인들은 정권을 유지하는 데 총력을 기울인다. 정권을 잡을 때와 정권을 유지할 때 필요한 것이 무엇인지에 따라 국가의 정책 목표가 달라진다. 현대 정치경제학에서는 정부를 공정하고 중립적인 기구로 보는 것이 아니라 정부를 구성하는 정치인들의 연합체로 파악한다. 각 정치인들은 그들의 지지 기반이 있고 이들에게 유리한 정책을 입안하고 집행하려고 한다. 이 과정에서 관세가 정치적 수단으로 활용된다.

우리나라 쌀 산업의 경우를 예로 들자면, 쌀 소비자보다 쌀을 생산하는 농민들이 정치적으로 훨씬 영향력이 강하다. 쌀 소비자들은 다양한 사람들이 널리 분산돼 있어 응집력이 약하지만 쌀을 생산하는 농민들은 응집력이 강하기 때문이다. 이 경우 정치인들은 수입 쌀에 관세를 부과하는 결정이 정치적으로 이롭다는 결론을 내린다.

미국을 포함한 다른 나라들의 정치인들도 각종 이해집단에 취약한 것은 마찬가지다. 선진국의 기업들은 각종 단체를 구성해 정부에 합법적인 로비를 한다. 후진국에서는 기업과 정부 간의 불법적인 정경유착의 관계가 형성되는 경우가 빈번하다. 정도와 방식의 차이는 있지만 많은 정부들이 정치적으로 이해관계가 일치하는 집단에게 유리한 정책을 편다. 이 때문에 한 나라의 관세 정책을 이해하기 위해서는 정부가 어떤 성격을 띠고 있는가를 파악하는 것이 중요하다.

예를 들어, 미국의 트럼프 대통령은 선거운동을 할 때부터 자동차, 철강 등 제조업체의 근로자들을 자신의 주요한 정치적 기반으로 삼았다. 그에게는 자신의 주 지지자들인 제조업체와 그에 속하는 근로자들의 이익이 미국 내 일반 소비자들의 이익보다 훨씬 더 중요했다.

미국의 제약과 헬스 분야의 기업들은 전통적으로 정치자금 기부가 많은 업종이다. 미국은 선거를 하려면 돈이 많이 든다. 정치인 입장에서는 기부금이 많은 업종일수록 보호무역을 통해 이윤을 보장해

미국 산업별 정치권 로비 금액

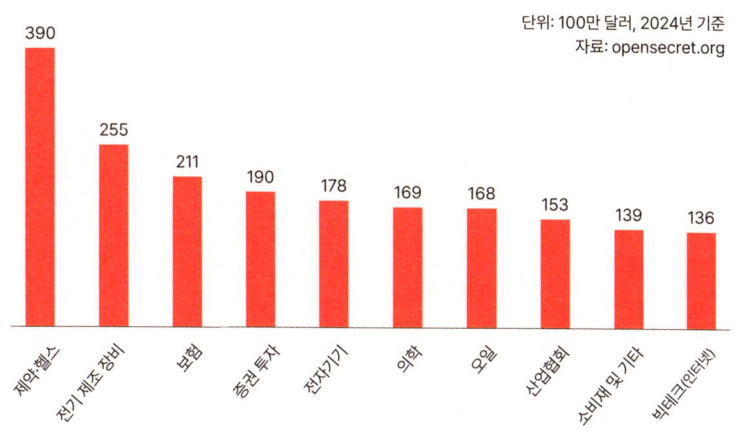

주려고 한다. 이 때문에 정치인들의 기부금에 대한 선호가 높을수록 또 기부금 액수가 많을수록 관세율이 높아지는 경향이 있다. 한마디로 국가 전체의 이익이라는 명분보다 정치인의 이해관계가 얽혀있는 산업일수록 높은 관세가 적용된다.●

산업별 생산자와 소비자의 정치적인 파워도 관세에 영향을 미친다. 정치적으로 조직력이 강한 경우는 높은 관세를, 조직력이 약한 경우는 상대적으로 낮은 관세를 부과한다. 예를 들어, 미국 산업의 정치적 영향력은 그들이 대정부 로비에 얼마나 지출하는가를 지표로 활용해 파악할 수 있다.

● 미국 경제학자 진 그로스만G. Grossman은 정부와 기업 간의 거래를 통해 관세와 수입 제한을 포함한 보호무역 정책이 만들어지는 이론을 개발했다. 이 이론은 미국을 대상으로 한 각종 실증 연구를 통해 입증됐다.

큰 나라 vs. 작은 나라
각기 다른 셈법

국제경제를 이야기할 때 모든 나라는 두 개로 나뉜다. 큰 나라와 작은 나라다. 그렇다면 어떤 나라가 큰 나라일까? 땅덩어리가 크다고 큰 나라가 아니다. 국제경제에서 큰 나라는 그 나라에 무슨 일이 생기면 국제 가격이 바뀌는 나라를 뜻한다. 그 나라에서 큰 일이 벌어졌는데도 세계 시장에 아무런 일이 안 생기면 작은 나라다.

예를 들어, 사우디아라비아는 국내총생산GDP 규모로 볼 때는 세계 20위권의 나라다. 그런데 원유 생산량은 미국, 러시아에 이어 세계 3위에 해당한다. 사우디아라비아에서 무슨 일이 발생해 원유 생산이 늘거나 줄어들면 세계 원유 가격이 큰 폭으로 움직이다. 이 나라는 원유 시장에서는 큰 나라다. 반면 사우디아라비아의 인구는 2025년 기준으로 3,450만 명이며, 세계 48위에 해당한다. 이 나라가 밀 수입량을 늘리거나 줄여도 국제 곡물 시장에서 밀 가격은 거의 변하지 않는다. 그렇다면 사우디아라비아는 국제 곡물 시장에서는 작은 나라다.

이런 기준을 적용할 때 국제무역에서 한국은 대부분의 시장에서 작은 나라다. 우리나라의 수출과 수입 규모가 바뀐다고 해서 국제 가격이 크게 달라지지 않기 때문이다. 반면 세계 GDP 1위 국가인 미국은 대부분의 시장에서 큰 나라에 해당한다. 아울러 중국과 인도도 막대한 규모의 인구를 자랑하기 때문에 많은 시장에서 큰 나라로 분류된다.

큰 나라와 작은 나라가 정책을 시행할 때 국제경제에 미치는 영향은 많은 차이가 있다.

미국이 자동차 관세를 올릴 경우

미국은 2025년 들어 자동차에 대한 품목 관세율을 25%p 인상했다. 기존 관세율이 2.5%인 것을 감안하면 미국이 자동차를 수입할 때 적용되는 관세율은 27.5%가 된다. 한국처럼 자유무역협정FTA을 맺은 국가들은 기존 관세율이 0%였기 때문에 25%의 관세율이 적용된다. 이 경우 글로벌 자동차 시장에 어떤 일이 생길까? 문제를 단순화하기 위해 관세율을 25%라고 가정하고 살펴보자.

WTO 통계에 따르면 글로벌 자동차 무역에서 세계 전체의 수입량 중 미국이 차지하는 비중은 24% 정도로 가장 높다. 이 정도의 수입을 하는 나라라면 이 나라의 무역 정책 변화는 글로벌 시장에서 가격을 바꿀 수 있다. 관세가 없을 때 미국 자동차 가격은 1만 달러였다고 가정해보자. 그런데 관세가 25% 부과되고 이를 미국 소비자가 부담한다고 가정하면 수입차 가격은 1만 2,500달러로 올라간다. 따라서 관세가 오르면 미국 내 수입 자동차 수요는 줄어든다. 미국은 세계 자동차 시장에서 큰 비중을 차지하기 때문에, 미국 수요가 줄면 글로벌 시장 가격도 약 9,000달러로 떨어질 수도 있다.

이 상황에서 미국 내 자동차 가격은 글로벌 시장에서 형성된 9,000달러에 25% 관세를 더한 1만 1,250달러가 된다. 즉, 관세를 부과해 세계 시장 가격이 내려가는 효과를 반영한 뒤, 관세율을 적용한 것이 미국 소비자가 실제로 부담하는 가격이다. 결과적으로 미국 소비자는 이전보다 비싼 가격을 내고 자동차를 사야 한다.

한편, 미국에 자동차를 수출하는 회사는 이전에는 한 대당 1만 달러를 받았지만, 이제는 9,000달러만 받게 된다. 즉, 한 대당 1,000달러만큼 손해를 보는 셈이다. 미국 수입업자는 9,000달러에 차를 사들여 1만 1,250달러에 팔면 그중 2,250달러를 관세로 낸다. 미국 소비자는 1만 달러였던 차를 1만 1,250달러에 사야 하므로, 1,250달러만큼 손해를 본다. 결국 자동차 한 대 기준으로 관세 부담은 소비자가 1,250달러, 수출업자가 1,000달러로 각각 계산된다. 그리고 미국 정부가 2,250달러를 관세 수입으로 가져가는 구조다.

경제학자들이 여러 차례 실증 분석을 통해 보여주었듯이 관세율이 0%에서부터 조금씩 높아질 때 '큰 나라'의 전체 이익은 증가한다. 하지만 관세율이 어느 수준을 넘어서면 국가의 이익은 다시 줄어든다. 관세율이 낮을 때는 미국 생산자의 이익과 정부의 관세 수입을 합한 것이 소비자들의 손해보다 크지만 어느 수준을 넘어서면 소비자들의 손해가 더 커지기 때문이다. 이때 국가의 전체적인 이익을 그

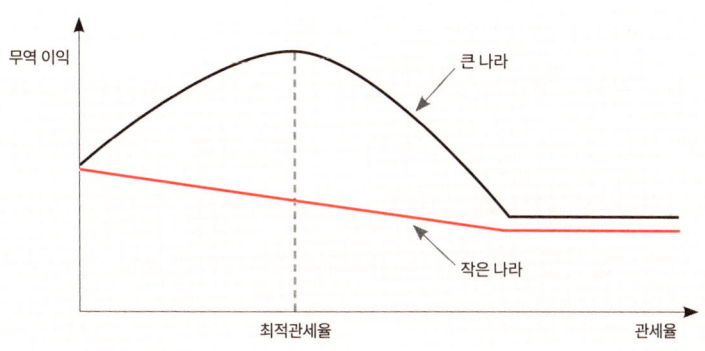

관세율과 무역 이익 간의 관계

래프로 표시하면 종과 같은 모양이 된다. 이를 통해 미국 전체 이익을 극대화하는 관세율을 이론적·실증적으로 계산할 수 있다.

그래프에서 미국의 관세율이 0%에서 어느 수준까지 올라가면, 무역 이익은 증가하고 이 수준보다 높은 관세를 부과하면 미국의 이익은 그때부터 줄어들기 시작한다. 그러다 관세율이 너무 높아지면 수출업자들은 미국으로의 수출을 중단한다.

이 경우 국가 간 무역이 사라지고 미국은 자국에서 만든 것만 소비해야 한다. 이때 미국의 관세 수입은 사라지고, 국가의 이익은 종전보다 훨씬 더 줄어든다. 따라서 미국처럼 큰 나라들은 완전한 자유무역을 하는 것보다 적당한 관세율을 메기는 것이 국가의 이익을 높이는 방법이다. 다만 관세율이 너무 높으면 득보다 실이 훨씬 많다.

한국이 소고기 관세를 올릴 경우

한국과 같은 작은 나라들은 큰 나라들과 상황이 많이 다르다. 소고기 시장을 예로 들자면, 세계 소고기 시장에서 한국의 수입 비중은 1%도 되지 않을 만큼 미미하다. 한국이 소고기 수입을 늘리거나 줄여도 세계 시장 가격은 변하지 않는다는 얘기다. 가령, 소고기 1킬로그램당 가격이 1만 원이라고 가정하고, 한국이 미국산 소고기에 25% 관세를 매기면 국내 가격은 1만 2,500원이 된다. 이는 국제 가격(1만 원)에 관세를 더한 금액이다.

관세로 가격이 오르면 한국 내 수요는 줄지만, 국제 가격에는 영향이 없으므로 미국 수출업자는 여전히 1만 원에 소고기를 판다. 한국 수입업자는 1만 원에 소고기를 들여와 1만 2,500원에 판매하고, 2,500원을 정부에 세금으로 낸다. 국내 소고기 생산자는 미국산 소비자가격 상승으로 이익을 얻을 수도 있다. 소비자는 2,500원을 더 부담하게 되고 이는 수입산 소고기에 대한 수요 감소로 이어질 가능성이 크기 때문이다. 그렇게 되면 미국 수출업자는 판매량 감소로 손해를 본다. 경제학적으로 계산하면 관세를 부과했을 때 소비자가 입는 손해와 국내 생산자의 이익, 정부의 관세 수입을 합한 국가의 이익은 관세를 부과하기 전보다 줄어든다.

한국처럼 '작은 나라'는 관세를 올려도 국제 가격에 영향을 줄 수 없기 때문에, 관세로 얻는 이익이 제한적이다. **오히려 자유무역을 통해 관세를 없애는 것이 국가 전체 이익을 높이는 방법이다.** 이와 달리 '큰 나라'는 관세로 국제 가격에 영향을 줄 수 있어 이익을 얻을 가능성이 있다.

　큰 나라와 작은 나라 간의 관세로 인한 이해관계는 이처럼 엇갈린다. 무역에서도 큰 나라와 작은 나라 간에 기울어진 운동장이 생겨나는 것이다. 이 논리를 살펴보면 트럼프가 관세를 무기로 다른 나라들을 압박하는 이유를 알 수 있다. 큰 나라인 미국이 다른 나라에 관세를 부과하면 미국은 이익이 된다. 반면 그보다 작은 나라들이 미국 관세에 대응해 같은 수준의 관세를 부과하면 손해를 볼 가능성이 높다. 관세전쟁이 극단으로 치달아 모든 나라의 무역이 중단된다면 모두가 손해를 보겠지만 적정한 수준의 관세를 놓고 밀당을 한다면 미국은 이익을 보는 반면 작은 나라들은 손해가 커진다.

　여기서 관세를 둘러싼 미국과 다른 나라 간의 비대칭적인 효과와 그로 인한 권력관계가 발생한다. 트럼프는 이를 간파하고 "미국이라는 큰 나라에 물건을 팔려면 관세를 내라"고 요구하는 것이다. 상대적으로 작은 나라들이 트럼프의 요구를 '울며 겨자 먹기'식으로 받아들일 수밖에 없는 구조적인 요인들이다.

수출 탄력성 vs. 수입 탄력성

물건의 특성에 따라 관세의 효과가 달라지기도 한다. **수출 탄력성이 높은 품목일수록 관세가 낮아지는 경향이 있다.** 수출 탄력성이란 가격이 올랐을 때 다른 곳으로 수출 활로를 얼마나 쉽게 찾을 수 있는지를 보여주는 지표다.

예를 들어, 미국이 중국산 가전제품에 관세를 부과하면 미국 내에서 중국 가전제품의 가격이 올라간다. 이때 중국이 미국 대신 유럽으로 수출로를 즉각적으로 바꿀 수 있다면 미국의 관세 인상은 별 효과를 내지 못한다. 중국이 가전제품을 유럽으로 수출해버리면 미국은 필요한 물건을 수입할 수 없게 될 뿐만 아니라 그에 따른 관세 수입도 거둘 수 없다. 미국 입장에서는 손해 보는 장사인 셈이다. 반면 미국이 관세를 부과하더라도 중국이 다른 곳으로 수출 활로를 찾기가 어렵다면 이를 받아들일 수밖에 없다. 이 경우 미국은 상대적으로 높은 관세를 부과하고 중국은 이 관세를 내더라도 미국으로 수출하는 선택을 하게 된다.

미국 내 소비자들의 수입 탄력성도 영향을 미친다. 예를 들어, 미국이 수입 콩에 대해 관세를 부과하면 미국 내에서 콩값이 올라간다. 이때 미국 소비자들이 콩 대신 옥수수 소비를 대폭 늘린다면 콩의 수입 탄력성은 높은 편이라고 할 수 있다. 이처럼 수입품에 대한 미국 소비자들의 가격 탄력성이 높으면 관세 부과의 효과가 줄어든다. 가격이 올라 소비가 대폭 줄어들면 관세 수입도 올릴 수 없다. 이 때문에 수입품에 대한 가격 탄력성이 낮은 품목의 경우 상대적으로 높은 관세를 메기는 것이 유리하다.

상대 국가의 보복 여부도 변수로 작용한다. 예를 들어, 우리나라가 미국산 수입 소고기에 대해 관세를 부과할 경우 미국이 즉각적으로 우리나라가 수출하는 자동차에 대한 관세율을 높여 대응한다면 우리나라는 소고기 관세를 높이기 어렵다. 무역에는 항상 상대 국가가 있기 때문에 강한 보복을 당할 것으로 예상되는 분야에서는 관세를 높이기 어렵다.

수입업자와 소비자의 이해관계

관세를 부과하는 법적·제도적 기반도 중요하다. 관세란 기본적으로 수입업자가 국가에 납부해야 하는 의무를 갖고 있다. 예를 들어, 중국이 미국으로 반도체를 수출한다면 반도체를 중국으로부터 사들이는 미국의 수입업자가 미국 정부에 관세를 낸다. 이 수입업자 입장에서는 관세율이 높아질 때 몇 가지 선택을 할 수 있다. 중국이 반도체 한 단위당 100달러에 미국으로 수출했는데 관세율이 종전 0%에서 25%

로 높아졌다고 생각해보자. 이때 수입업자는 중국이 수출하는 반도체의 가격을 80달러로 낮춰줄 것을 요구하고 중국이 이를 받아들이면 이 가격에 반도체를 수입하고 종전대로 100달러에 팔 수 있다. 아니면, 중국에 100달러를 지급하고 물건을 들여와 소비자에게 125달러에 팔 수도 있다. 아울러 중국에 90달러를 지급하고 이를 들여와 소비자에게 25%의 관세를 더한 값인 112.5달러에 팔 수도 있다. 이 모든 것이 중국의 수출업자와 미국의 수입업자, 이 물건을 구입하는 미국 소비자 간의 관계에 의해서 형성된다.

미국 수입업자가 물건을 판매하는 관행과 관세를 부과하는 미국의 제도적 시스템에 따라 실제 관세가 집행되는 과정도 달라진다. 일반적으로 수입업자는 기존 수입 가격에 관세만큼을 더해 소비자 가격을 책정하고 소비자들은 이 가격에 구매 여부와 수량을 결정한다. 이후 시장에서 가격이 형성되면 수입업자는 중국과 수량과 수출가격을 조정해서 수입을 진행하게 된다. 이런 과정들이 각종 경제적 변수와 맞물려 소비자 가격과 수입 물량 그리고 관세를 실질적으로 누가 얼마나 부담할지 여부가 결정되는 것이다.

경제 논리와 현실을 단순화시켜서 보자면 한 나라의 규모가 클수록, 또 관세를 부과했을 때 다른 나라의 저항이 상대적으로 약할수록 높은 관세를 부과하는 경향이 강하다. 또 정치권의 로비력에 따라 산업별 관세가 결정되기도 한다. 다른 나라와의 관계까지 감안하면 관세를 부과하는 방정식은 한층 복잡해진다.

정부는 이런 정치 상황과 소비자 및 생산자의 입장을 고려해 가장 적정한 수준의 관세율을 정한다. **이렇게 계산된 관세를 최적관세 Optimal Tariff 라고 부른다. 지구상의 어느 나라도 이런 방식으로 계산된 관세가 0인 경우는 없다.** 관세가 없는 자유무역을 지향한다는 것이 그저 명분이라고 말하는 이유다. 무역은 국가 간의 거래지만 관세는 한 나라의 내치에 속하는 정책이다.

트럼프 미국 대통령 취임 이후인 2017년 미국에서부터 불기 시작한 관세를 통한 보호무역주의는 무역과 정치·경제의 생리를 감안할 때 어느 정도 이해할 수 있는 현상이다. 대부분의 정권이 암묵적으로 추구하는 보호무역 정책을 트럼프는 겉으로 드러낸 것이 가장 큰 차이점이다. 트럼프 행정부의 보호주의적 행태를 일시적인 것으로 파악하고 비판하는 것은 미국의 정책 메커니즘을 피상적으로 이해하는 데서 나오는 해석이다. 오히려 **보호무역이 일시적인 것이 아니라 자유무역이 일시적인 현상이라고 보는 것이 정확한 분석이다.** 트럼프 대통령이 구축한 무역 질서가 앞으로 상당 기간 지속될 것으로 예상되는 것도 이런 이유 때문이다.

2장

TRUMPISM AND TARIFF WAR

세계화 시대의 무역과 관세

GATT 체제의
개막

상호주의는 제2차 세계대전 이후 국제 질서를 논의하던 국가들이 1944년 브레튼우즈 협정을 체결하는 과정에서도 중요한 역할을 한다. 미국을 포함한 각 대륙의 23개 국가는 브레튼우즈 협정에서 전후 "무역을 확대해 세계평화에 기여한다"는 목표 아래 관세 및 무역에 관한 일반협정GATT, General Agreement on Tariffs and Trade 체결에 합의했다.●

GATT 체제는 미국 주도로 만들어졌지만 종전 미국이 1934년 만든 상호무역협정법RTAA 체제 아래에서의 무역 질서와 몇 가지 차이점이 있다. 우선 GATT는 여러 나라들이 모여 다자간 협의를 통해 구축한 무역 질서다. 미국이 1934년 이후 추진해왔던 무역협정은 기본적으로 양자 간 협정이었다. 그러나 양자 간 협정은 국가 수가 늘어

● 1947년 1월 10일 GATT 협정에 처음으로 참여한 국가들은 아르헨티나, 오스트레일리아, 벨기에, 브라질, 캐나다, 쿠바, 체코슬로바키아, 프랑스, 인도, 레바논, 룩셈부르크, 네덜란드, 뉴질랜드, 노르웨이, 파키스탄, 남아프리카공화국, 스웨덴, 스위스, 영국, 미국, 우루과이, 베네수엘라, 칠레 등 23개국이다.

날수록 비효율적이라는 한계를 갖는다. 이를 보완하려는 목적으로 다자간 무역협상을 추진하게 된 것이다. 예를 들어, 두 개의 국가만 있을 때는 양자와 다자간의 차이는 없다. 하지만 3개국이 있을 경우 양자 간 무역협상을 한다면 총 3개의 무역협정이 필요한 반면 다자간 협상은 한 개의 협상만으로 충분하다. 양자협정의 경우 참여 국가의 숫자가 4개로 늘어나면 12개의 협정이 필요하고 5개로 늘어나면 20개의 무역협정이 필요하다. 이처럼 양자 간 무역협정을 통해 국제무역 질서를 구축하려면 체결해야 하는 무역협정의 수가 기하급수적으로 늘어난다.

다자간 무역협정은 이 같은 양자 간 무역협정의 비효율성을 극복해줄 수 있다는 장점이 있는 반면, 기본적으로 모든 나라들이 만족해야 하기 때문에 시간이 많이 걸린다. 조금이라도 협정의 내용에 만족하지 못하는 나라들은 이 협정에 가입하고자 하지 않을 것이기 때문이다.

이런 이유로 GATT는 몇 가지 원칙을 도입했다. 먼저 **최혜국 대우** MFN, Most Favored Nation라는 원칙이다. 이 원칙은 국제무역에서 한 나라가 다른 나라를 차별하지 않는다는 것을 명시한 것이다. 예를 들어, 한국과 일본, 미국이 GATT에 가입했을 때 한국이 미국 자동차에 대해 5%의 관세를 부과한다면 특별한 이유가 없는 한 일본 자동차에 대해서도 동일한 수준의 관세를 부과해야 한다는 원칙이다. 한국이 미국에는 5%, 일본에는 10%의 관세를 차등 부과하는 것은 GATT 원칙에 맞지 않는다. 이 원칙은 양자 간의 협상을 다자간의 협상으

1947년 미국의 주도로 만들어진 GATT는 1995년 WTO로 대체될 때까지 세계 무역 질서를 이끌어왔다. 그러나 강제력이 약하고 회원국들의 만장일치 합의제여서 협상 타결에 난항을 겪었다.

로 확대하는 데 주요한 역할을 했다. 각 국가마다 다른 모든 나라에 대해 동일한 관세를 부과한다면 협상이 훨씬 단순화될 수 있기 때문이다.

다음은 **양허관세**bound tariff **개념**의 도입이다. GATT 체제에서 협의한 관세 수준은 실제 부과하는 관세가 아니다. GATT 체제는 한 나라가 부과할 수 있는 최대 관세로 양허관세라는 개념을 도입했다. 예를 들어, 한국이 GATT 협정의 결과로 자동차에 10%의 관세를 부과하기로 결정했다면 이는 한국이 자동차에 대해 부과할 수 있는 최대 관세율이다. 실제 한국이 부과하는 관세는 5%일 수도 있고 7%일 수도 있다. 10%만 넘지 않으면 협정을 위반한 것이 아니다. 최혜국 대우 관세는 실제 부과하는 관세에 대해 적용되는 원칙이다.

양허관세를 도입한 이유는 몇 가지가 있다. 먼저 무역자유화를 단계적으로 추진하기 위한 것이다. 많은 개발도상국가들은 관세를 한 번에 낮추는 것에 대한 거부감이 있다. 미국이나 선진국들은 그동안의 역사를 통해 적정 관세에 대한 개념이 있지만 개발도상국가들은 이런 개념을 확립하지 못했다. 이 때문에 처음부터 실행관세를 협정으로 정하기보다는 관세의 상한선에 대해 합의하고 이 관세율 이하로 적용하는 것을 시작으로 관세를 점차 낮춰줄 것을 협정의 내용으로 삼았다. 다음은 불확실성에 대한 대비다. 어느 나라든지 경제 상황이 급변할 가능성은 있다. 갑자기 천재지변이 발생할 수도 있고 정치적 불안으로 경제가 출렁일 가능성도 있다. 이럴 때 관세율을 조정해 경제를 운영하기 위해서는 관세 정책에 어느 정도의 유연성을 부여할 필요가 있다.

선진국보다는 개발도상국들이 양허관세 도입으로 인해 혜택을 받을 가능성이 높다. 개발도상국의 경우 관세 정책에 대한 불확실성이 상대적으로 크다. 이런 이유 때문에 관세의 상한선을 부여하면 GATT에 참여한 국가들은 어느 정도 관세 정책의 유연성을 확보할 수 있다.

국내외 차별 금지 원칙도 있다. 한번 수입된 외국 상품에 대해서는 추가적인 차별을 하지 않는다는 원칙이다. 예를 들어, 한국이 미국으로부터 소고기를 수입할 때 정해진 관세를 내고 통관이 된 미국산 소고기에 대해 한국산 소고기와 차별하는 것을 금지하는 것이다. 한국 정부가 나서서 한국산 소고기를 많이 사도록 유도하는 정책을 편다든지 기업들이 미국산 소고기를 일부러 매장에 진열하지 않는다든지 하는 것들이 일종의 국내외 물건의 차별에 해당한다.

GATT 체제는 다자간 무역협상을 통해 참여 국가를 늘리고 협상의 수준도 높였다. 1947년 스위스에서 열린 제네바 라운드를 시작으로 1994년 우루과이 라운드에 이르기까지 총 8차례의 라운드를 거쳐 무역협상을 진행했다.

라운드를 거듭할수록 협의해야 할 내용들은 늘어났고 참여국들도 많아졌다. 처음에는 2개 국가 간 교섭을 확대하는 방식으로 협의가 진행됐고 규모가 커지면서 새로운 나라가 협상에 들어올 때는 기존의 협의를 받아들이는 방식으로 협약 체결 국가를 늘렸다. 협정의 대상이 되는 품목도 처음에는 제조업 상품 위주에서 농수산업까지 확대됐으며, 서비스 영역도 포함되기에 이르렀다. 이와 함께 각국의 지적 재산권에 대한 논의도 무역협상에서 다뤄지기 시작했다.

협의에 참여하는 국가들이 늘어나고 협의해야 할 내용들이 추가되면서 다자간 무역협상의 기간도 점점 길어졌다. 초기에는 라운드 기간이 6개월을 넘지 않았으나 1963년에 시작된 케네디 라운드는 협

라운드	협상 기간	참여국 수	주요 내용
제네바 라운드	1947. 4 ~ 1947. 10	23	- 4만 5,000개 공산품에 대한 관세양허 - 2국 간에 양허 요구표와 양허 가능 품목 상호교환 - 2국 간 교섭 다각적으로 동시 진행
앙시 라운드	1949. 4	32	- GATT 기존 회원국과 11개 신규 가입국 간 교섭 - 5,000개 공산품 양허관세(국가별, 품목별 협상)
토케이 라운드	1950. 9	34	- GATT 기존 회원국과 7개 신규 가입국 간 교섭 - 기한이 만료된 종래의 양허관세 재교섭 - 8,000개 공산품 양허관세

라운드	기간	참가국	주요 내용
제네바 라운드	1956. 1	22	- 3,000개 공산품 양허관세 - 국가별, 품목별 협상 방식
딜론 라운드	1960. 9 ~ 1961. 5	23	- 유럽경제공동체EEC 공통 관세 설정에 따른 양허관세 교섭 - 4,440개 공산품에 대한 관세율 평균 7% 인하
케네디 라운드	1963. 11 ~ 1967. 5	46	- 미국과 EEC 간의 관세 장벽 제거를 목표 - 3만 개 품목에 대해 관세율을 평균 35% 인하 - 일률 인하 방식(대상 품목에 대해 일정 관세 인하폭을 일괄 적용) 채택
도쿄 라운드	1973. 9 ~ 1979. 11	99	- 1971년 스미소니언 합의에 따라 출범 - 3만 3,000개 품목에 대한 관세율을 평균 33% 인하 - 비관세 장벽 제거를 위한 협정 제정(MTN 협정: 관세평가, 보조금 및 상계관세, 반덤핑, 정부조달, 수입 허가 절차, 무역에 대한 기술 장벽, 국제 낙농, 국제 우육, 민간항공기 교역 등) - 개도국에 대한 우대 및 의무 규정 - 선진국의 개도국에 대한 일반특혜관세제도GSP 합법화 - 신흥공업국들에 대한 '개도국 졸업 조항' 신설
우루과이 라운드	1986. 9 ~ 1994. 4	125	- 세계무역기구WTO 설립 - 공산품 관세 인하 및 비관세 장벽 완화 - 농산물 및 섬유류 무역의 GATT 편입 - 반덤핑, 보조금, 상계관세, 세이프가드 등의 규율 강화 - 서비스 무역에 관한 기본 규범 설정 및 최초의 양허 교섭 완료 - 지적재산권 보호 및 투자 관련 조치에 관한 규범 마련 - 통합분쟁 해결 절차 및 규칙DSU 합의

자료: 외교부

상 기간이 3년 6개월간 이어졌다. 이후 도쿄 라운드는 6년 2개월, 우루과이라운드는 7년 7개월간 협상이 계속됐다. GATT 체제는 의사 결정을 하려면 사실상 가입국 간의 만장일치를 요구하기 때문에 모든 나라가 만족할 만한 협의가 이뤄지지 않는 한 타결이 되지 않는다. 특히 협상이 지속될수록 개발도상국과 선진국 간에 여러 가지 마찰이 발생하는 점이 협상 타결을 어렵게 했다. 그럼에도 우루과이 라운드까지는 지난한 협상 과정 속에서도 종국에는 타결을 이루었고, 이 같은 결과는 세계무역기구wto 창설로 이어진다.

WTO,
무엇이 다른가

우루과이 라운드의 합의 결과를 기반으로 각국은 1994년 '마라케시 협정'을 맺었다. 이 협정에 기반해 1995년 세계무역기구WTO가 출범했다. 최초 가입 국가는 한국, 미국, 일본, 영국, 유럽 등 76개국이었다.

WTO는 1947년의 GATT 체제를 계승하고 대체할 목적으로 출범했지만 GATT와 차별화되는 점이 몇 가지가 있다.

GATT는 국가 간 협정에 기반한 것이었을 뿐 GATT 협정을 이행하기 위한 상설 기구는 없었다. 반면 WTO는 국제법을 기반으로 하며, 사무국을 보유한 명실상부한 국제기구로서 출범했다. GATT는 주로 상품 교역에 관한 내용을 협약에서 다루고 있지만 **WTO는 상품은 물론, 서비스, 지적재산권에 대한 각국 간 협정 내용도 포괄적으로 다루고 있다.** 무역 분쟁에 대한 해결에 있어서도 GATT 체제는 강제력이 약했던 반면 WTO는 협상을 이행하지 않을 때 부과하는 제재와 강제력이 훨씬 세다. WTO는 내부에 분쟁해결기구DSB를 갖고 있고 이 기구를 통해 무역분쟁을 해결하고 있다. 의사 결정 과정에서도 GATT는 국가들이 모여 협의하는 수준이었다면 WTO는 합의를 도출하기 위한 명시적인 규칙을 확보하고 있으며 제도적인 기반도 한층 강하다. WTO 출범 이후 많은 나라들이 WTO를 통한 다자간 무역협정을 준수하며 국제 거래를 해왔다.

몇 가지 차이점이 있지만 GATT와 WTO를 관통하는 원리는 같다. 상호주의에 입각한 무역협정을 다자간 협정으로 확대한 것이다. WTO에 새로 들어오는 국가들은 기존 국가들이 만들어놓은 협정을 준수할 것을 전제로 들어오는 것도 비슷하다. 76개국으로 출범한 WTO는 2025년 총 164개국으로 회원국 수가 크게 늘었다. 가입 국가가 늘어나면서 WTO의 규정도 점차 복잡해지고 있다. WTO의 원리가 막연한 '자유무역의 확산'이라면 각국에 단순하고 일관된 원칙을 적용하도록 할 수 있다. 하지만 WTO는 '상호주의 무역협정을 통한 자유무역의 확대'를 추구했기 때문에 가입 국가가 늘어나고 라운드가 바뀔 때마다 새로운 규제와 제도에 대해 각국의 동의를 구해야 했다. 한 마디로 WTO는 상호주의에 입각한 무역협정이 계속 성공해야 유지되고 발전될 수 있는 체제라고 볼 수 있다.

76개국에서 시작된 WTO는 164개국으로 회원국이 크게 늘면서 자유무역의 확산에 기여했다.

양허관세
논란

WTO 가입국들은 협상 과정에서 양허관세bound tariff라고 하는 관세의 상한선을 협상한다. 이 과정에서 관세에 대한 몇 가지 오해와 논란이 생기기도 한다. 관세와 무역을 이해하기 위해서는 이 오해를 바로잡는 것부터 시작할 필요가 있다.

먼저 협상의 결과인 양허관세의 국가 간 차이가 매우 크다. WTO 자료에 따르면 품목별 평균 양허관세가 가장 높은 나라는 방글라데시로 관세율이 무려 155%에 달한다. 반면 홍콩과 마카오 등 자유무역 지대에 있는 나라는 평균 양허관세가 0%다. 방글라데시는 평균적으로 각 품목에서 관세율을 0%에서 155%까지 부과할 수 있고 이 범위 내에서는 어떤 수준의 관세를 부과해도 WTO 협정 위반이 아니다. 반면 홍콩과 마카오는 관세를 조금만 부과해도 WTO 협정 위반이다. 이처럼 WTO에 함께 가입하고 있는 국가 간에도 양허관세의 수준이 큰 차이가 난다. 참고로 한국의 양허관세는 평균 17%, 미국은 3.4%다.

WTO 협정의 결과물인 양허관세, 즉 관세의 상한선의 국가 간 차이가 큰 데는 몇 가지 이유가 있다. 우선 처음 협상을 진행할 때 관세를 낮추는 것에 대해 협상에 참여하는 국가들 간에 이견이 심했다. 미국과 영국 등 선진국들은 관세 인하의 필요성을 주장했지만 개발도상국가들은 관세를 낮추는 것에 대해 부정적이었다.

개발도상국의 시장 개방을 위한 암묵적 수단

무역협상은 역사적으로 볼 때 경제가 발전한 국가가 경제 발전이 더딘 국가의 시장을 개방하기 위한 수단이었다. 따라서 경제발전이 더딘 국가는 늘 무역협상에 미온적일 수밖에 없었다. 이는 미국도 경제 발전 초기에는 국내 산업을 보호하고 재정수입을 확보하기 위한 중요한 도구로 관세를 활용했다는 점을 생각하면 이해할 수 있다. 선진국들은 협상에 미온적인 개발도상국들에 대해 단계적인 시장 개방을 위해 관세 상한선을 지정하도록 요구했다. 관세의 상한선만 정해지더라도 선진국의 수출업자들은 어느 정도의 불확실성을 해소할 수 있기 때문이다.

다음으로 협상에 참여하는 개발도상국들은 관세 정책의 유연성을 보장해줄 것을 요구했다. 협상에서 구체적인 관세 수준을 확정할 경우 정권 교체나 경제적 환경 변화에 따라 관세 정책을 조정할 수 있는 여지를 스스로 차단하는 것이기 때문이다. 반면 관세의 상한선만 정해놓으면 무역협상에 참여하는 국가의 정부는 어느 정도 정책을 유연하게 적용할 수 있다.

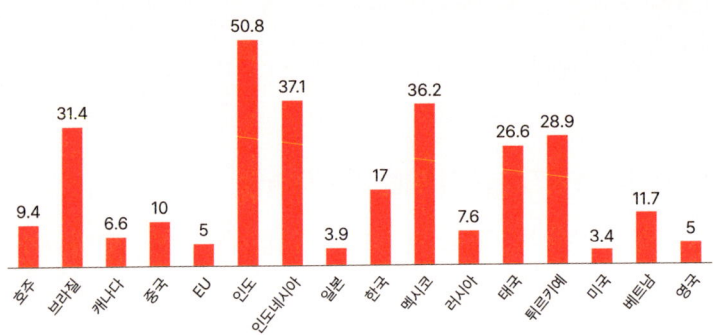

한 가지 중요한 점은 이 같은 관세의 상한선을 정할 때는 향후 이 상한선의 점진적 인하를 기대한다는 암묵적인 합의가 있다는 것이다. 예를 들어, 1947년 GATT 협상에 참여했던 미국의 평균 양허관세는 14% 수준이었다. 영국은 17% 내외, 캐나다는 18% 내외, 프랑스는 25% 내외로 추정된다.● 이들 국가는 무역 라운드를 계속하는 과정에서 양허관세 수준을 낮췄다.

반면 인도, 브라질 등 개발도상국들은 평균 양허관세율이 50%를 훌쩍 넘기는 수준이었다. 이런 관세 수준이 가능했던 것은 선진국이

● 이때의 양허관세에 대한 정확한 기록은 찾기 어렵기 때문에 경제학자들이 당시의 자료를 가지고 추정한 수치를 적용했다.

개발도상국가들의 입장을 어느 정도 이해해주면서도 개도국들이 경제발전 단계가 성숙하면 이 관세를 낮출 것으로 기대했기 때문이다. 당시는 무역자유화라는 전체적인 명제에 대한 합의가 세부적인 양허관세율보다 더 중요했다.

실제 많은 나라들은 각 라운드를 거치면서 양허관세를 인하해왔다. 2024년 기준으로 국가별 평균 양허관세율은 미국 3.4%, 영국 5%, EU 5%, 캐나다 6.6% 등이다. 한국의 양허관세는 평균 17%로 이들 국가보다는 다소 높다. 하지만 개발도상국은 상대적으로 양허관세 인하폭이 적어 인도의 평균 양허관세율은 50.8%, 파키스탄 60.8%, 미얀마 83%, 방글라데시 155.1% 등으로 여전히 상당히 높다. 양허관세 수준으로만 본다면 인도는 미국의 15배, 방글라데시는 45배가 넘는다.

하지만 많은 나라들이 실제 양허관세만큼의 관세를 물리고 있는 것은 아니다. WTO 자료에 따르면 전 세계 126개 국가의 평균 양허관세는 37.3%로 계산된다. 반면 이들이 실제 부과하는 최혜국 대우 관세MFN는 평균 8.7%에 불과하다. 전 세계 많은 국가들이 WTO와는 높은 양허관세 협상을 진행하고 실제 부과하는 관세는 이보다 턱없이 낮은 관세를 매긴다는 얘기다.

예를 들어, 방글라데시의 평균 양허관세는 155.1%, 실행관세는 평균 14.1%다. 관세의 상한선과 실제 부과하는 관세가 140%p나 차이난다. 인도도 양허관세는 50.8%이지만 실행관세는 16.2%다. 브라질은 양허관세 31.4%, 실행관세 12%다. 한국은 평균 양허관세가

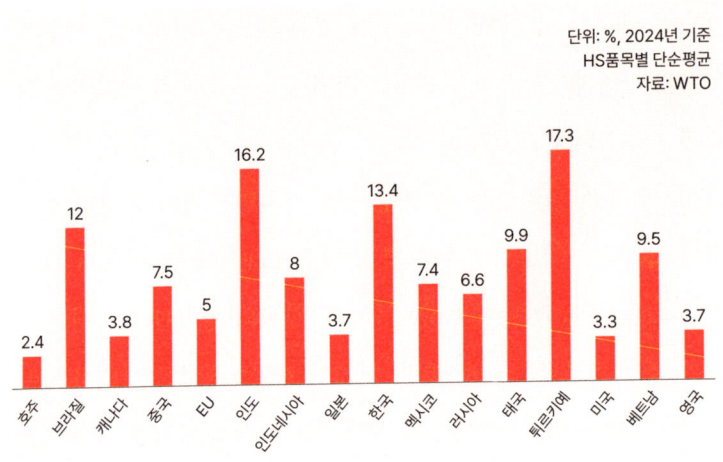

17%이지만 실행관세는 평균 13.4%로 양허관세와 실행관세 차이 (3.6%p)가 다른 개도국보다는 낮은 편이다.

선진국으로 갈수록 양허관세와 실행관세 간의 차이는 줄어든다. 미국의 양허관세는 3.4%, 실행관세는 3.3%로 둘 사이에 차이가 거의 없다. 영국은 양허관세가 5%, 실행관세는 3.7%로 둘 사이의 차이는 1.3%p에 불과하다.

개발도상국이 양허관세를 내리지 않는 이유

양허관세와 실행관세 간에 차이가 나는 이유는 불확실성과도 관련이 있다. 정치·경제적으로 불확실성이 큰 나라일수록 양허관세를 높게 유지한다. 개발도상국은 선진국에 비해 상대적으로 높은 정치·경제적 불확실성을 갖고 있기 때문에 일단 양허관세를 높게 유지하지만 실제 실행관세는 자신들의 상황에 따라 최적의 관세를 부과하는 것이다. 반면 미국, 영국, 유럽 등 선진국들은 정치·경제적 불확실성이 높지 않기 때문에 관세를 변동시킬 유인도 크지 않아 양허관세와 실행관세 간의 차이가 크지 않다고 해석할 수 있다.

관세의 현실을 놓고 보면 선진국에 비해 개발도상국이 더 보호무역주의를 강조하고 있는 것처럼 보인다. 양허관세 수준이 훨씬 높고 실행관세 수준도 비교적 높기 때문이다. 다만 선진국과 개발도상국 간 양허관세의 차이보다 실행관세의 차이가 훨씬 적다. 예를 들어, 방글라데시의 양허관세는 미국보다 100%p 이상 높지만 실행관세는 10%p 정도 높을 뿐이다.

여기서 국제무역의 오랜 문제인 '오버행Tariff Overhang' 이슈가 불거진다. 오버행은 가장자리나 모서리에서 삐져나와 있는 부분이나 연장된 부분을 말하는데, '관세 오버행'은 양허관세와 실행관세와의 차이를 말한다. 한국의 경우 평균적인 양허관세는 17%, 평균 실행관세는 13.4%라면 오버행이 3.6%라는 얘기다. 오버행은 개발도상국으로 갈수록 높다. 같은 방식으로 오버행을 계산해보면 미국은 0.1%로 세계에서 가장 낮은 수준이다. 반면 방글라데시는 오버행이 141%로 가장 높다.

2001년부터 시작된 다자간 무역협상인 도하 라운드에서는 오버행 문제가 주요 쟁점으로 부상했다. 선진국은 개발도상국들의 관세 오버행이 불필요할 정도로 높다고 지적하면서 양허관세를 낮춰 오버행을 줄여줄 것을 요구했다. 반면 개발도상국 입장에서는 양허관세가 이미 WTO와 합의된 상황이기 때문에 양허관세 인하 요구는 개발도상국의 관세주권을 침해하는 것이라고 주장했다. 아울러 오버행의 존재는 개발도상국에 문제가 생겼을 때 관세를 올릴 수 있는 여지를 남겨놓는 것이어서 필요하다고 주장하며 선진국과 맞섰다.

선진국들은 '수십 년간 오버행이 유지되고 있다는 것은 그 자체로 오버행이 필요가 없다는 반증'이라며 개발도상국을 설득했지만 개발도상국들은 쉽게 물러서지 않았다. 결국 도하 라운드는 공전을 거듭하면서 사실상 실패한 협상으로 기록됐다.

비관세 장벽의 종류

덤핑

기업이 물건을 싸게 팔수록 처벌을 받는 제도가 있다. 자본주의 경제 원리와 상반되는 이 제도는 국제무역의 현실에서는 엄연히 적용되고 있다. 바로 '반덤핑Anti-dumping' 제도다.

덤핑이란 한 나라의 기업이 물건을 만들어 다른 나라에 수출할 때 자국에서 파는 가격보다 과도하게 낮게 파는 경우를 말한다. 예를 들어, LG전자가 세탁기를 만들어 우리나라에서는 100만 원에 파는데 미국에서는 50만 원에 판다면 이를 덤핑으로 간주하는 것이다. 미국의 입장에서는 LG전자가 미국의 세탁기 시장을 장악하려는 목적으로 과도하게 가격을 낮췄다고 해석할 수 있다. 세탁기 가격 인하가 덤핑에 해당된다고 판정되면 수입 국가인 미국은 수입을 중단하고 보복관세를 매겨 수입 가격을 대폭 높일 수 있다.

덤핑 국가로 한번 지정되면 이후 수출 과정에서도 문제가 된다. 덤핑의 정의와 처벌에 대한 규정은 전 세계 자유무역을 확산시키기 위해 만든 관세 및 무역에 관한 일반협정GATT에 명시돼 있고 이후 세계무역기구WTO 조문에도 그대로 반영됐다.

불공정한 가격 인하를 통한 시장 장악을 막는다는 그럴 듯한 명분을 내세우지만 덤핑 규제는 여러 가지로 자본주의 경제 원리와 상충된다.

우선 소비자의 선택권을 침해한다. 자유무역의 가장 큰 미덕은 각국의 소비자들이 물건을 경쟁력 있는 기업으로부터 가장 싼값에 살 수 있다는 것이다. 이에 반해 반덤핑 제도는 이런 소비자의 권리를 제한하고 수입국가의 기업에게 혜택을 주는 제도다.

덤핑을 판정하는 기준도 논란거리다. 수입국이 덤핑 판정을 내리려면 두 가지 사항을 입증해야 한다. 첫째, 수입 물건의 가격이 적정 가격보다 과도하게 낮다는 것을 증명해야 한다. 여기서 '적정'이란 단어와 '과도하다'는 단어는 자의적으로 해석될 여지가 높다. 적정 가격은 일반적으로 수출국의 판매 가격이 적용되는데, 일반적으로 수출국과 수입국 간의 가격차가 덤핑 여부를 판정하는 기준이다. 하지만 가격은 생산 원가뿐만 아니라 수요와 공급에 의해 결정된다. 우리나라에서 수요가 많으면 가격이 높고 미국에서 수요가 적으면 가격이 떨어질 수도 있는 것이다. 이런 국가별 특성을 감안하지 않고 무조건 미국에서의 판매 가격이 우리나라보다 낮다고 덤핑 판정을 내릴 경우 논란이 있을 수 있다. 특히 중국처럼 사회주의 국가의 경우에는 물건값이 정부에 의해 통제되는 경우도 많다. 이런 상황에서 중국이 미국에 수출하는 물건 가격이 중국 내 가격보다 과도하게 낮다고 해

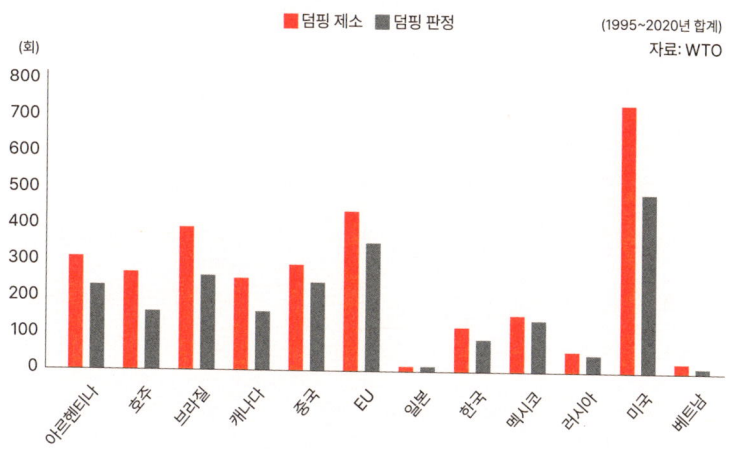

서 이를 덤핑이라고 판정한다면 자본주의 경제 원리에 충실하지 못한 것이다.

둘째, 덤핑 판정을 위해서는 과도한 가격 인하로 인해 수입국의 기업들이 피해를 입었다는 것도 증명해야 한다. 하지만 기업들이 입은 피해도 '적정 가격'만큼이나 정확히 계산하기 어렵다. 수입 가격이 높았을 때와 낮았을 때 해당 산업이 얼마나 피해를 입었는지 계산하는 것은 자의적인 기준에 따르는 경우가 많다.

적용 방식도 문제다. 일단 수입국의 기업이 덤핑으로 고소를 하면 수입국 정부는 6개월~1년 동안 덤핑 가격과 수입업자들이 입은 피해 조사에 나선다. 이 기간 동안 덤핑 판정을 받은 국가로부터의 수입은 제한된다. 나중에 덤핑으로 판명되지 않더라도 조사 기간 동안 수출국의 수출기업들은 피해를 보는 셈이다.

이런 이유 때문에 일부 국가들은 '귀에 걸면 귀걸이, 코에 걸면 코걸이'식으로 덤핑 여부를 판단해 덤핑을 보호무역의 수단으로 이용한다는 비판을 제기하고 있다.

한국의 대표적인 가전업체인 삼성전자와 LG전자가 미국에 세탁기를 수출하다가 지난 2011년 11월 미국의 가전업체 월풀로부터 덤핑 제소를 당한 것이 대표적인 사례다. 미국 상무부는 시장조사 결과 우리나라 회사의 미국 판매 행위를 덤핑으로 규정짓고 업체별로 9~13%의 반덤핑 관세를 부과했다. 이에 대해 우리나라의 산업통상자원부는 미국의 결정이 부당하다며 2013년 8월 WTO에 제소를 했고, WTO는 자체 조사와 심의를 거쳐 2016년 3월, 한국 회사의 세탁기 판매는 덤핑에 해당되지 않는다고 판결했다.

우여곡절 끝에 한국이 이겼지만 뒷맛이 영 개운치 않다. 우리나라 세탁기 업체들은 미국이 덤핑으로 제소한 2011년부터 WTO 판결이 난 2016년까지 약 5년간 미국 수출에 큰 타격을 입었다. 덤핑으로 제소된 회사라는 불명예도 떠안았다.

미국의 덤핑 제소가 부당하다는 판정을 받게 되면 한국 입장에서는 피해를 본 만큼 보복관세를 부과할 수 있는 권한을 얻게 된다. 그럼에도 5년여 동안 수출이 제대로 이뤄지지 않아 우리나라 업체가 당한 피해는 제대로 보상받을 길이 없다. 반면, 미국은 반덤핑 제도를 이용해 한국산 세탁기의 수입을 시의적절하게 차단했다.

이처럼 덤핑은 처음에는 공정 무역을 표방하는 제도로 출발했지만 이후 보호무역의 수단으로 바뀌었다.

동식물검역조치

각국은 식품이나 동식물 등을 수입할 때 위생 및 동식물검역조치SPS를 시행하고 있다. 자국 국민들이 위생에 문제가 있는 제품을 소비하지 않도록 정부가 감시 감독하는 일이다. 평상시에는 이런 조치들로 인해 문제가 생기지는 않는다. 하지만 한 나라가 특정 국가 또는 특정 품목의 검역 기준을 강화한다면 수입량이 감소할 수 있다. 제품에 문제가 있을 수도 있지만 각국이 수입을 제한하기 위해 제도를 강화할 수도 있다. 지난 2008년 광우병 사태 당시 우리나라에서는 미국에서 수입하는 소고기를 전면 중단해야 한다는 주장이 나왔는데, 이 또한 SPS 조치의 일환이었다.

당시 국민 여론은 수입 소고기가 광우병을 유발할 수도 있다고 여겼지만 과학적으로 입증된 것은 없었다. 이럴 때 한국 정부는 수입 중단이나 검역 강화 조치를 취할 수 있고 미국은 이에 대해 항의할 수 있다. 이렇듯 SPS 조치를 둘러싸고 정책의 영역과 수입품 관리의 영역이 겹치는 부분이 있다.

WTO는 한 국가의 SPS 조치에 대해서는 그 권리를 보장하고 있다. WTO는 SPS의 원칙으로 과학적이어야 하고 차별을 하면 안 되며 제도를 투명하게 운영할 것을 권고하고 있다. 하지만 현실적으로 이런 원칙들이 잘 지켜지는지 검증하는 것은 어렵다. 이 때문에 SPS 조치가 무역장벽의 한 종류로 활용되고 있는 것이다.

세이프가드

WTO는 한 국가의 산업이 해외로부터의 갑작스러운 수입 급증으로 큰 타격을 입을 때, 일시적으로 관세를 올리거나 수입을 중단할 수 있는 조치도 허용하고 있다. 이를 세이프가드Safe guard라고 한다. 2018년 미국은 중국산 태양광 패널 수입이 급증하면서 자국의 산업이 큰 타격을 입자 세이프가드를 발동해 이 품목에 대한 관세를 30%로 올렸다. 미국의 평균 관세인 3%의 10배가 넘는 수준이다. 이후 매년 5%p씩 관세율을 낮추는 조치를 취했다. 일단 고율의 관세를 매겨 자국 산업을 보호하고 시간을 벌어 대응할 수 있는 기반을 마련하자는 취지다.

세이프가드 조치에도 몇 가지 조건이 있다. 먼저 자국 산업이 피해를 봤다는 것을 입증해야 한다. 다음으로는 세율을 부과하는 과정에서 국가 간 차별을 할 수 없다. 미국이 태양광 패널에 대해 세이프가드 관세를 부과하면 이 관세는 중국뿐만 아니라 미국으로 태양광 패널을 수출하는 모든 국가에 적용돼야 한다. 이른바 차별 금지 조항이다. 아울러 세이프가드 관세는 한시적으로만 부과할 수 있다.

상계관세

국제무역에서는 다른 나라의 정책에 대해 관세를 부과하기도 한다.

각 국가 간에 수출을 많이 하기 위한 경쟁이 붙으면 정부가 해당 산업이나 기업에 보조금을 지급하는 경우도 있다. 수출 보조금을 받은 기업은 이 보조금을 활용해 생산을 하고 국제시장에서 수출 가격을 낮출 수 있다. 수입국 입장에서는 수출국의 보조금 정책으로 인해 수출업자들이 가격을 낮춰 수출할 경우 피해를 본다.

이를 방지하기 위해 보조금 지급으로 가격이 낮아진 만큼 관세를 부과할 수 있는데 이를 상계관세CVD, countervailing duty라고 한다. 2009년 미국은 중국이 자국의 타이어 산업에 대해 보조금을 지급한 정황을 포착하고 이 부분에 대해 10~30%의 관세를 물렸다. CVD 관세를 부과하기 위해서는 다른 나라 보조금으로 인한 자국의 피해를 입증할 수 있어야 한다. 상대 국가가 이에 불복한다면 WTO에 제소해서 판정을 받아볼 수 있다.

비관세 장벽,
선진국일수록 높은 이유

'자국의 시장을 얼마나 보호할 것인가' 하는 이슈는 시대와 장소를 가리지 않고 각국 정부의 최우선 과제였다. 상호주의의 형태를 띠든 자유무역의 형태를 띠든 제2차 세계대전 이후 각국은 무역 장벽을 허물기 위해 노력해왔다. 그럼에도 불구하고 무역 장벽을 없애 '교역의 세계화'를 달성함으로써 공동 번영을 이룩하자는 명분과 '다른 나라보다 조금 더 우리나라 시장을 보호하고 싶다'는 현실은 항상 충돌했다.

관세와 수입 할당 등의 일반적인 보호무역 조치는 비교적 단순한 제도적 기반 아래서 가능하다. 품목별 관세율을 정부가 정해주면 그에 맞춰 공무원들이 관세를 거두면 되고 수입량을 정해주면 그 양만큼 수입하면 된다. 또 밀수나 비공식적인 수입 등을 감시하고 감독할 수 있는 수준 정도의 역량이 필요하다.

반면 덤핑이나 상계관세 등 비관세 장벽을 활용한 보호무역 조치를 원활히 하기 위해서는 이를 뒷받침할 법과 제도적 기반이 정교하게 마련돼야 한다. 덤핑의 경우 수입품의 가격이 수출 국가의 원 가격보다 현저하게 낮다는 것을 증명해야 하기 때문에 균형 가격을 정의하고 계산하는 경제적인 기준도 필요하다. 이런 이유로 제도적 기반이 미흡한 개발도상국에서는 덤핑과 상계관세 등의 비관세 장벽 시행이 쉽지 않다. GATT나 WTO 초반에 선진국 위주로 덤핑이나 상계관세 조치가 행해진 것도 이런 이유 때문이다.

그동안 반덤핑 관세를 가장 많이 적용한 나라는 어디일까? WTO 통계에 따르면 2024년 말 기준 누적 집계에서 미국이 총 505회로 반덤핑 관세를 가장 많이 부과한 나라로 기록됐다. 같은 기준으로 인도가 376회, 터키 188회, 브라질 166회, 관세동맹을 맺고 있는 EU가 144회 순으로 많았다. 반면 필리핀, 코스타리카, 우루과이, 가나, 엘살바도르 등 개발도상국들은 반덤핑 관세를 1회만 부과했을 뿐이다.

선진국에서 반덤핑 관세가 더 활발하게 적용되는 이유는 몇 가지가 있다. 우선 반덤핑 관세를 부과하기 위해서는 법과 제도가 정비돼 있어야 한다. 덤핑을 자국에서 어떻게 규정하고 어떤 조치를 취할 것인지 법과 제도에 명시해놓고 있어야 한다. 선진국일수록 이와 관련한 복잡한 조문을 갖고 있지만, 개도국은 덤핑에 대한 법과 제도를 구비하고 있지 않은 경우가 많다.

덤핑 가격을 조사하는 것도 상당한 수준의 경제적 지식과 인력이 필요하다. 상대국과 자국 시장에 대해 정확한 이해도 필수다. 이 때문에 덤핑은 WTO 초기에는 선진국들의 전유물이다시피 했다. 하지만 시간이 흐르면서 개발도상국들도 덤핑과 관련한 법적, 제도적 인프

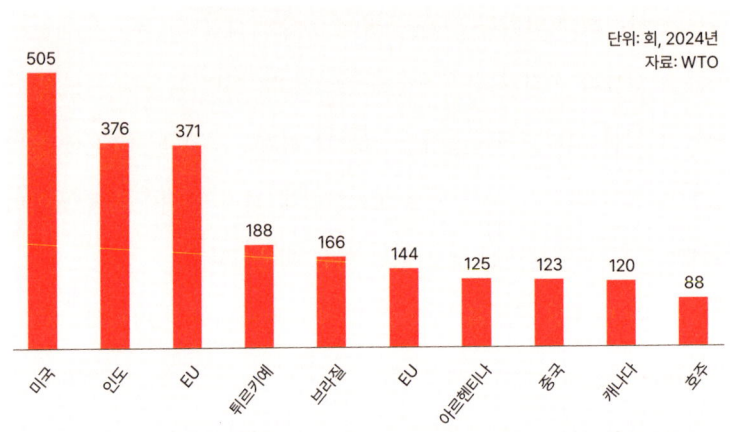

반덤핑 관세를 많이 부과하는 나라들

단위: 회, 2024년
자료: WTO

미국 505, 인도 376, EU 371, 튀르키예 188, 브라질 166, EU 144, 아르헨티나 125, 중국 123, 캐나다 120, 호주 88

라를 구축하면서 선진국에 맞서 반덤핑 관세를 종종 부과하고 있다. 인도가 대표적으로, 미국에 이어 두 번째로 높은 반덤핑 관세를 부과했다.

덤핑을 포함한 비관세 장벽도 선진국과 후진국 사이에서 비대칭적으로 작용하고 있다. WTO 집계에 따르면 2024년 말까지 국가별 비관세 장벽 건수는 미국이 4,597건으로 압도적으로 많았다. 다음이 캐나다(1,656건), 중국(1,569건), EU(1,318건), 일본(1,193건), 한국(1,021건) 순으로 많았다. 태국, 멕시코, 베트남 등 개발도상국들은 상대적으로 적었고 남미나 아프리카에 국가들은 이보다 더 적었다.

글로벌 시장의 독점 여부에 따라 효율적인 보호무역 수단이 결정되기도 한다. 반덤핑 관세의 경우, 한 산업에서 특정 국가 또는 기업이 차지하는 비중이 높아 이 국가로부터의 수입을 금지함으로써 자국 시장을 보호할 수 있다면 반덤핑 관세는 효율적인 보호무역 수단이다. 반덤핑 관세는 WTO가 명시하고 있는 '차별 금지 의무' 대상에서 제외되기 때문에 특정 국가와 기업을 타깃으로 한 보호무역 정책으로 자주 활용된다. 예를 들어, 2019년부터 본격화된 미중 무역 전쟁 같은 경우 미국의 목표는 중국으로부터의 수입을 규제하는 것이었다. 이럴 땐 일반적인 관세 인상보다는 반덤핑 관세와 같은 조치가 더 효율적이라는 얘기다.

WTO 통계에 따르면 반덤핑 제소가 실제 관세 부과로 이어지는 경우는 50%를 조금 넘는다. 절반 정도의 반덤핑 관세 부과조치는 WTO 소송 과정에서 패소한다는 것이다. 그럼에도 불구하고 반덤핑 관세를 부과하면 일정 기간 수입이 금지되기 때문에 보호무역의 수단으로 인기가 높다.

결론적으로 WTO 체제 출범 이후에도 개발도상국은 관세를 통해서, 선진국들은 비관세 장벽을 통해서 자국 시장을 보호해왔다. 개발도상국은 WTO라는 국제기구의 규칙을 통해 승인받은 양허관세의 범위 내에서 자국 시장을 보호하고 선진국들도 WTO에서 용인하고 있는 비관세 장벽을 통해 자국 시장을 보호해왔다. 따라서 선진국이라고 해서 보호무역의 정도가 개발도상국보다 낮다고 볼 수 없다.

관세와 비관세 장벽을 동시에 감안하면 선진국과 개발도상국의 보호무역 장벽은 비슷한 수준이다. 이런 점에서 서로의 시장을 어느 수준까지 보호할 것인가를 놓고 기준을 정하는 무역협상의 원칙, 즉 상호주의가 WTO 체제의 핵심 기반으로 작용해왔음을 알 수 있다.

도하 라운드와
다자간 협정의 붕괴

WTO는 다자간 무역협상인 '라운드'를 통해 무역 원칙을 수립해 나간다. 그런데 다자간 무역협상의 참여국 수가 많아지고 의제가 다양해질수록 일괄타결을 원칙으로 하는 무역협상도 타결을 보기 어려워진다. GATT 체제가 만들어질 때는 참여 국가가 23개였지만 WTO가 출범한 이후 가입 국가는 160개 이상으로 늘었다. 의제도 처음에는 상품 교역 위주였지만 이후 서비스 교역에 지적재산권까지 대폭 확대됐다. 이런 구조적인 문제로 WTO 협상 타결은 갈수록 어려워지고 있다.

이 같은 문제를 극명하게 보여준 것이 2001년 카타르 도하에서 개최된 WTO 무역협상인 '도하 라운드'였다. 도하라운드는 '개발도상국의 무역참여 확대와 세계무역의 자유화'를 아젠다로 내걸고 야심 차게 출발했다. 하지만 각국 간 이해관계가 엇갈리고 이로 인한 입장 차이가 노출되면서 협상은 공전을 거듭했다.

예를 들어, 미국과 EU 등 선진국에서 지급하고 있는 농업 보조금에 대해 개발도상국은 자국의 농민들에게 불리하다며 폐지해줄 것을 요구했다. 이에 대해 선진국들은 보조금 액수를 다소 줄일 수는 있지만 폐지는 어렵다고 맞섰다.

비농산물 분야에서는 개발도상국들의 관세 '오버행'이 문제가 됐다. 오버행 완화를 위해 양허관세를 대폭 낮춰줄 것을 선진국들이 요구했지만 개도국들은 정책의 유연성을 위한 공간이 필요하다며 축소하기가 어렵다는 입장이었다.

금융·통신·교육 등 서비스 분야 개방에 대해서는 선진국들은 광범위한 개방을 촉구했지만 개발도상국들은 자국 서비스 산업 보호를 내걸고 개방이 어렵다는 입장을 보였다. 선진국들은 그동안 개발도상국에 부여했던 특별하고 차별적인 대우S&D, Special & Differential Treatment에 대한 축소도 요구했다.

그동안 무역협상을 하는 과정에서 선진국들은 개발도상국들에게 무역협정 이행을 위한 준비 기간을 주고 보호무역 조치를 취하더라도 용인해주는 등 다양한 혜택을 줘왔다. 이는 개도국의 참여를 늘리기 위한 조치로, 많은 개발도상국이 WTO 우산 아래 들어오자 점진적으로 시장 개방을 위한 압력을 강화했다.

국가 간의 이해관계도 엇갈렸다. 인도, 중국과 미국은 농업 분야의 긴급 세이프가드SSG 보장 여부를 놓고 맞섰다. SSG는 농업 시장의 급격한 수입 증가나 가격 하락으로부터 자국 시장을 보호하기 위해 일시적으로 관세 인상을 허용하는 조치다. 중국과 인도는 세이프가드 보장을 요구한 반면 미국은 자국의 농산물 수출에 악영향을 준다며 반대했다. 선진국들은 그동안 광범위한 농업 보조금을 지급해 오고 있기 때문에 SSG 같은 조치가 필요 없다고 주장했지만 개발도 상국은 자국 농업 보호를 위해 이 조치가 필요하다며 대치했다.

이처럼 많은 부분에서 대립하며 도하 라운드는 협상이 난항을 거 듭했다. 하지만 근본적인 원인은 GATT와 WTO의 기본 원칙인 '상호주의'를 어디까지 어떻게 적용할 수 있을 것인가의 문제였다.

선진국과 개발도상국은 경제 발전 단계가 다르다. 또 선진국들은 그동안 자국 산업을 보호하면서 경제를 발전시켰고 보호무역과 관련한 각종 국제적 규범들도 확립하고 있다. 반면 개발도상국들은 선진국에 비해 자국 산업을 보호하는 장치가 미흡할 뿐만 아니라 국제법이나 제도적인 부분에서도 취약하다. 이 때문에 같은 잣대를 적용할 경우 개발도상국은 항상 무역에서 불리한 위치에 있게 된다.

선진국의 입장에서는 그렇다고 개발도상국의 시장 보호를 언제까지나 허용할 수는 없다고 생각한다. 특히 기업들이나 소비자들의 이해관계가 첨예하게 대립하는 문제에서는 선진국들이 개도국들의 보호주의를 허용하기 어렵다. 이 같은 상황과 더불어 WTO 협상이 모든 참여자가 동의해야만 하나의 조항을 만들 수 있는 일괄타결 원칙을 고수하고 있기 때문에 갈수록 협상 타결이 어려워지는 구조적인 문제까지 협상을 어렵게 만들었다.

이 가운데 2008년 글로벌 금융위기로 세계경제가 침체에 빠지게 되자 각국에 강력한 보호주의 바람이 불었다. WTO 출범 이후 꾸준히 증가하던 글로벌 교역량은 2009년에 전년 대비 12% 이상 줄었다.

글로벌 금융위기로 각국이 경기 침체를 겪게 되면서 자국 산업 보호를 위한 보호무역주의가 급속히 확산됐기 때문이다.

도하 라운드는 심각한 정체 상태에 빠져들었다. 당초 2001년부터 2005년까지를 시한으로 정했던 도하 라운드는 정해진 기간 내 합의 도출에 실패했고 회의는 연장됐다. 그러나 2006년 스위스 제네바 협상과 2008년 '7월 패키지' 협상도 결렬됐다. 이후 금융위기에 따른 보호무역주의 강화로 협상은 유명무실해졌다. 결국 2015년 WTO 각료회의에서 미국을 포함한 회원국들은 도하 라운드의 종료를 선언했다. 1947년 GATT 이후 70년간 지속됐던 다자간 무역협상은 도하 라운드를 끝으로 사실상 막을 내리게 됐다.

지역주의의
부활

도하 라운드의 공전은 국제무역에서 지역주의를 다시 부활시키는 계기가 됐다. 도하 라운드는 참여국 수가 늘어날수록 일괄 타결을 통한 다자간 무역협정을 체결하는 것이 사실상 불가능하다는 것을 명확히 보여주었다. 상호 간의 이해가 복잡하게 얽혀 있기 때문이다. 도하 라운드 이후 국제사회에서는 협상에 참여하는 국가의 수를 줄여 협상 타결 가능성을 높이기 위해 지역주의가 확산되었다.

사실 지역주의 무역은 WTO 설립 이전에도 실현된 바 있다. 대표적인 것이 1957년에 설립된 **유럽경제공동체**EEC다. 유럽경제공동체를 통해 이들은 공동체 내부에서는 관세를 적용하지 않는 반면 외부에 대해서는 일률적인 관세를 부과했다.

1960년에는 라틴아메리카 자유무역연합LAFTA이 만들어졌고 1967년에는 동아프리카 공동체가 만들어져 지역 간 자유무역을 활성화하는 계기가 됐다. 1994년에는 **북미자유무역협정**NAFTA, 1992년에는 **아세안 자유무역지대**AFTA 등이 설립됐다. 이 같은 지역주의 무역협정은 1995년 WTO가 발족하면서 전 세계가 참여하는 다자간 무역협상으로 무게 중심을 이동한다. 전 세계를 아우르는 무역협정을 체결하면 지역 간 무역협정을 포괄할 수 있을 것으로 봤기 때문이다.

하지만 도하 라운드가 표류하면서 세계는 다시 지역주의 시대로 회귀하는 모습을 보였다. 이때의 지역주의는 WTO 설립 이전보다 규모가 훨씬 더 커졌다. WTO를 계기로 다자주의가 확산되면서 지역을 넘나드는 무역협정이 가능하게 된 것이 그 원인이다.

2016년에는 **환태평양경제동반자협정**TPP이 출범했다. 여기에는 태평양 주변 국가인 미국, 일본, 멕시코, 캐나다, 베트남 등 12개 국가가 참여했다. 참여국들은 협정을 통해 전체 품목의 99% 이상에 대한 관세를 철폐하고 금융·통신·운송·전자상거래 등 서비스 분야의 시장도 개방하기로 했다. 외국 기업에 대한 최혜국 대우와 비차별 원칙도 적용했다. 아울러 외국인 투자의 공정성도 제공하고 지식재산권 보호도 강화했다. WTO에 참여했을 때보다 관세는 대폭 내리고 시장 개방도 한층 늘리기로 한 것이다. 다만 협정에 참여하지 않은 역외 국가에 대해서는 국가별로 기존의 관세를 부과했다.

지역주의는 미국 트럼프 정부가 들어서면서 위기에 봉착한다. 미국은 트럼프 1기 정부가 출범한 직후인 2017년 1월 '미국 제조업 일자리 유출'을 이유로 TPP에서 탈퇴한다. 이후 TPP는 일본의 주도로 11개국이 참여한 기구인 **포괄적·점진적 환태평양경제동반자협정**CPTPP으로 바뀌어 2018년부터 발효됐다. 기존 TPP에서 합의한 조항들은 그대로 인용됐고 새로운 회원들을 모집해 규모를 키워나가는

2장 세계화 시대의 무역과 관세

중이다.

CPTPP가 미국 주도로 출범했다가 일본 주도로 바뀐 지역주의 무역협정이라면 **역내포괄적 경제동반자협정**RCEP은 중국 주도의 지역주의 무역협정이다. TPP에서 배제된 중국은 스스로 나서 RCEP라는 자유무역 협정을 주도했다. 여기에는 인도네시아, 말레이시아, 베트남 등 아세안 10개국과 중국, 일본, 한국, 호주, 뉴질랜드 등 총 15개국이 참여했다. 90% 이상의 품목에 대해 관세를 철폐하거나 대폭 내리고 서비스 시장 개방 확대, 투자 활성화, 지식재산권 보호 등은 TPP와 유사하다. 다만 개발도상국들을 감안해 TPP보다는 다소 느슨한 기준을 적용했다.

지역주의와 함께 양자 간 자유무역협정FTA도 활성화됐다. WTO 협정 내에서도 지역 또는 양자 간 자유무역 협정은 용인된다. WTO 전신인 GATT 24조에서는 "회원국 간의 자유무역지대 또는 관세동맹은 허용된다"고 명시하고 있다. 이는 WTO의 모든 회원국은 동등하게 대우해야 한다는 제1조 최혜국 대우 원칙의 예외에 해당한다. 다만 자유무역 협정 체결로 인해 협정에 가입하지 않은 국가들에 대해 관세를 인상하는 것은 금지하고 있다.

이런 원칙에 따라 WTO 출범 후 많은 나라들이 양자 간 자유무역협정인 FTA를 체결했다. **WTO에 따르면 2024년 기준으로 전 세계에 300건이 넘는 FTA가 발효 중이다.** 한국도 2004년 칠레를 시작으로 미국, 중국, 호주, 캐나다 등 20여 건의 FTA를 체결하고 있다. 무역의 비중이 큰 나라 입장에서는 더 많은 다자간 또는 양자 간 무역협

한국의 주요 지역 자유무역협정 FTA

지역	협정명	상대국	발효일 및 내용
아시아·태평양	역내포괄적경제동반자협정 RCEP	아세안 10개국, 중국, 일본, 호주, 뉴질랜드	2022.02.01 세계 최대 규모의 다자간 FTA
	한-아세안 FTA	아세안 10개국	2007.06.01 아세안과 단계적으로 상품, 서비스, 투자 협정 체결
	한-중국 FTA	중국	2015.12.20 양국 간 무역 및 투자 확대
	한-베트남 FTA	베트남	2015.12.20 높은 수준의 자유화 달성
	한-인도 CEPA	인도	2010.01.01 포괄적 경제 동반자 협정
	한-호주 FTA	호주	2014.12.12 서비스, 투자 등 폭넓은 분야 포함
	한-뉴질랜드 FTA	뉴질랜드	2015.12.20 높은 수준의 시장 개방
유럽	한-EU FTA	유럽연합 27개국	2011.07.01 한국이 체결한 가장 포괄적인 FTA 중 하나
	한-EFTA FTA	스위스, 노르웨이, 아이슬란드, 리히텐슈타인	2006.09.01 EFTA와 상품, 서비스 등 포괄적 협력
	한-영국 FTA	영국	2021.01.01 브렉시트 이후 새로운 협정 체결
아메리카 및 중동	한-미국 FTA	미국	2012.03.15 양국 간 교역 및 투자 증진
	한-캐나다 FTA	캐나다	2015.01.01 높은 수준의 시장 개방
	한-칠레 FTA	칠레	2004.04.01 한국 최초의 FTA
	한-페루 FTA	페루	2011.08.01 중남미 시장 진출의 교두보
	한-중미 FTA	코스타리카, 엘살바도르, 니카라과, 온두라스, 파나마	2019.10.01부터 순차 발효 중미 5개국과 협정
	한-걸프협력회의 GCC FTA	GCC 6개국	2024.12.01 에너지 및 건설 분야 협력 강화

정을 체결하는 것이 유리하다는 판단 때문이다.

    다자주의, 지역주의 FTA 등 국가 간 협의를 통해 자유무역을 확대하려던 움직임은 2025년 트럼프 미국 대통령이 취임한 이후 전혀 새로운 국면을 맞게 된다. 미국은 그동안의 무역협상 결과를 전면적으로 부정하고 자국의 국내법을 동원해 세계 모든 나라에 대해 일방적인 상호주의 관세를 부과했다. **그동안 미국이 참여한 국가 간 무역협상은 사실상 휴지조각이 된 셈이다.**

세계화 이데올로기의 균열

1930년대 선진국들은 자유무역을 내세워 국제무역의 규칙을 만들었다. 팔은 안으로 굽는다는 말처럼 미국을 포함한 선진국들은 자신들에게 유리한 규칙을 만들었다. 이를 정당화하기 위해 각국의 무역 장벽을 없애 많은 나라들이 혜택을 볼 수 있게 하겠다며, '세계화Globalization'를 명분으로 내걸었다. 무역의 이익은 수출을 하는 국가뿐만 아니라 수입을 하는 국가도 누릴 수 있다는 것이 세계화와 자유무역 논리의 핵심이다.

그러나 실상을 들여다보면 결국 경제가 발전한 나라들이 수출할 물건도 많고 개발도상국 시장 개방을 통해 얻을 것도 많았다. 제2차 세계대전 이후 세계화의 논리는 국제 평화와 접목됐다. 세계가 서로 어울려 자유롭게 교역을 한다면 평화로워질 것이라는 주장이 제기됐다. 국가별로는 선진국인 미국과 유럽이 적극적으로 나서서 세계화를 이끌었고, 이념적으로는 신자유주의를 옹호하는 보수주의자들이 세계화를 역설했다.

세계화의 논리를 만드는 데는 자본주의 경제학이 큰 기여를 했다. 애덤 스미스와 데이비드 리카도로부터 시작되는 자본주의 경제학은 개인의 경제적 자유를 최대한 보장하는 것이 어떻게 경제성장으로 이어지는가를 매우 설득력 있게 보여준다. 시장을 중심으로 이뤄지는 개인들의 경제적 자유를 존중해야 전체적으로 효율성이 높아지고 경제는 성장한다는 논리다.

이 같은 이론을 국제적으로 확대한 것이 세계화의 논리다. 한 국가의 경제적 자유를 국제적으로 확대하는 것이 세계화 논리의 핵심이다. 상품과 자본이 국경을 넘어갈 때 적용하는 관세와 각종 규제를 철폐하면 자유 시장이 확대되고, 전 세계의 경제적 효율성은 극대화될 수 있다는 주장이다.

세계화를 촉진하기 위한 각종 국제기구들도 선진국을 중심으로 만들어졌다. 자본주의 질서를 세계에 이식하기 위해 만들어진 국제통화기금IMF과 세계은행은 미국이 중심이 돼 만들어진 기구다. 유럽 국가들은 유럽연합EU을 만들어 세계화를 추진했다. 미국과 유럽 국가들은 또한 관세 및 무역에 관한 일반협정GATT을 체결함으로써 자유무역의 기치를 높이 들었다. GATT는 이후 세계무역기구WTO로 이어지면서 다자간 협상을 통한 자유무역 확산에 적극 나선다. 각국은 또 양자 간 자유무역협정FTA을 통한 자유무역 확대를 모색했다. 모두가 세계화를 통해 번영을 꿈꾸던 시기였다.

세계화에 앞장선 선진국, 해체에도 앞장서

세계화는 모든 사람에게 평등한 기회를 보장해주는 것처럼 보이지만 실상은 선진국이 유리한 구조를 만든다. 미국과 유럽 등 선진국들은 개발도상국에 비해 기술과 제도에서 앞선 나라들이다. 출발점이 다른 상태에서 시장을 개방할 경우 선진국들에게 유리한 환경이 조성되는 것은 당연하다. 그럼에도 세계화는 공통의 규칙을 만들어 개발도상국들이 그 틀 안에서 발전할 수 있는 문을 열어두었다는 점에서 의미가 있다.

하지만 한 국가 내에서 자유주의적 경제질서를 만드는 것과 국제경제에서 세계화를 통한 교역질서를 만드는 것 사이에는 근본적인 차이점이 있었다. 그것은 바로 정치다.

한 국가 내에서 정치가 경제에 미치는 영향은 제한적이다. 한 국가를 구성하는 국민들은 동질적인 집단이고 정부가 정치 논리로 경제 규칙을 바꾸는 것에 대한 저항도 센 편이다. 하지만 국가 간 무역에는 정치가 개입할 수 있는 여지가 훨씬 많다. 세계화의 논리는 자유주의적 경제질서를 국제적으로 확산한다는 것으로 비교적 단순하고 명쾌하다. 하지만 이 과정 곳곳에서 정치가 개입하면서 문제가 복잡해진다.

국내 각 산업 부문에서 관세율과 무역 장벽의 수준을 정하는 것부터 정치가 개입한다. 또 국가 간 협상을 할 때도 정치 논리의 개입은 필연적이다. 여기에 환율, 금리 등 각종 경제변수와 관련한 정책에도 정치 개입의 여지가 크다. 이런 이유 때문에 세계화라는 논리를 통해 국제무역 질서를 만드는 것은 현실적으로 무척 어렵다. 상호주의를 통해 세계화를 추구한다는 논리가 개발된 것도 이런 이유 때문이다. 그럼에도 제2차 세계대전 후 2000년 초반까지는 상호주의를 통한 자유무역이 계속 확대되는 추세가 이어졌다.

하지만 2010년 이후 상황은 급변했다. 변화의 바람은 역설적이게도 그동안 자유주의 무역 질서를 주도했던 선진국에서부터 나왔다. 미국에서 신자유주의와 보수주의를 대표하는 공화당은 보호무역을 주요한 선거공약으로 들고 나오기 시작했다. 애덤 스미스와 데이비드 리카도를 거쳐 자유무역과 세계화의 이데올로기를 퍼트리는 데 가장 열성적인 나라였던 영국은 2020년에 세계화의 상징이었던 유럽연합에서 탈퇴하면서 전 세계에 큰 충격을 줬다. 한때 세계화를 표방했던 국가와 계층들이 이제는 다시 세계화를 거부하는 상황이 벌어졌다.

왜 그럴까? **선진국에서 세계화 거부 움직임이 심해지는 것은 세계경제의 본격적인 침체와 관련이 깊다.** 2010년 이후 국제경제에서 저성장 국면이 본격화하면서 신자유주의를 표방하는 보수주의는 더 이상 성장을 담보할 수 없다는 인식이 퍼졌다. 아울러 신자유주의와 세계화가 불평등을 심화시켰다는 비판도 확산됐다. 저성장 국면이 장기화되면서 그 여파는 개발도상국을 넘어 선진국의 중산층에게까지 미쳤다.

2010년 이후 미국과 영국이 반反세계화의 선봉에 서게 된 것도 저성장으로 일자리를 잃어버린 중산층이 세계화에 반감을 가지고 있었기 때문이다. 경제의 문을 닫아 다른 나라가 피해를 입더라도 당장 우리부터 살고 보자는 논리가 득세했던 것이다.

미국을 포함한 선진국들이 그들에게 유리하게 규칙을 만들었지만 개발도상국들도 시간이 갈수록 이런 규칙들에 적응하면서 무역경쟁력을 확보해 나갔다. 동아시아의 한국, 중국, 일본, 대만 등의 국가들도 모두 후발 국가로 세계시장에 뛰어들어 점유율을 넓혀갔던 나라들이다. 이런 상황이 벌어지자 선진국들은 그들에게 유리한 방향으로 경제 규칙을 바꾸려고 했다. 선진국들은 세계화에 역행하는 새로운 규칙들을 만들기 시작했고 이런 분위기는 트럼프가 미국의 대통령으로 선출되면서 정점을 맞았다.

선진국들은 그동안 개발도상국들의 시장을 개방하고 자유주의적 경제 제도를 퍼뜨리면서 각종 이익을 챙겼다. 하지만 시간이 지나면서 중국을 비롯한 개발도상국들이 기술을 개발하고 저임금 노동력을 활용해 선진국 시장을 본격적으로 잠식해 들어가기 시작해 선진국에 피해를 안기면서 반세계화 분위기가 확산됐다.

역사적으로 보자면, 1930년대 대공황을 비롯해 경제가 어려울 때는 반세계화의 목소리가 커진다. 하지만 반세계화 정책은 순간적으로는 성공하는 것처럼 보였지만 중장기적으로는 불황의 골을 깊게 하고 경제를 더욱 어렵게 만든다. 자유주의적 성장이론이 한계에 도달했다고 해서 반세계화가 대안일 수는 없다. 반세계화는 '오랜 시간을 거쳐 형성된 제도'를 존중하자는 에드먼드 버크Edmund Burke의 보수 이론과도 맞지 않는다.

어느 나라든, 먹고 살기 힘들어지면 감정이 이성을 압도한다. 중장기적인 성장과 발전보다는 단기적인 이익이 우선시된다. 선진국 보수주의자들로부터 촉발된 반세계화의 흐름이 언제까지 이어질지 예측하기 힘든 불확실성의 시대다.

3장

TRUMPISM AND TARIFF WAR

미국의 문제

관세전쟁으로
탄생한 나라, 미국

미국의 건국은 관세와 밀접한 관련이 있다. 세계 각국에 식민지를 건설해 18세기 해가 지지 않는 나라로 불렸던 영국은 식민지 통치 수단으로 관세를 적극 활용했다. 영국의 식민지였던 미국도 예외는 아니다.

영국은 18세기 설탕법(1764년)을 통해 설탕과 당밀(몰라세스)에 대한 관세 징수를 강화했다. 이어 인지세법(1765년)을 통해 문서와 카드 등에 세금을 부과했고 타운센트법Townshend Acts(1767년)을 만들어 유리, 페인트, 차에도 관세를 매겼다. 중상주의 시대의 영국은 부족한 왕실의 재정을 충당하기 위해 식민지로부터의 착취를 강화하는 과정에서 관세를 적극 활용했다.

당시 미국의 정치가인 새뮤얼 애덤스와 제임스 오티스는 이 같은 영국의 일방적인 세금 부과 정책에 반대했다. 그들은 영국 의회에 대표를 파견하지 않는 미국에 일방적인 관세를 부과하는 것은 부당하다며 "대표 없이 세금 없다"는 구호를 내걸었다. 이로부터 영국 상품

1773년 12월, 보스턴 항구에 정박 중인 동인도회사의 선박에서 300여 개가 넘는 차 상자를 바다에 던져버린 '보스턴 티 파티' 사건은 영국이 부과한 관세에 대한 불만이 폭발한 사건이었다. 이를 계기로 양국 관계가 악화되고, 급기야 미국 독립 전쟁으로 이어진다.

불매 운동과 관세 거부 운동이 미국에서 본격적으로 일어났다. 급기야 1773년 12월 미국인들이 보스턴 항구에 정박 중인 영국 동인도회사의 선박에 올라가 차 상자 340여 개를 바다에 던져버리는 사건이 벌어진다. 당시 영국은 동인도회사에 차 무역의 독점권을 부여하고 있었다.

미국인들이 영국의 일방적인 관세 부과에 폭력적인 방법으로 저항하면서 영국과 미국 간의 관계는 급속히 악화됐다. 영국은 보스턴 항구를 폐쇄하고 미국을 압박하는 법들을 잇달아 시행했고 이는 미국 독립운동을 한층 가열시켰다. 결국 1775년부터 두 나라는 전쟁에 들어갔고, 이 전쟁 과정에서 미국은 1776년 독립을 선언하고 전쟁을 승리로 이끌게 된다. 결론적으로 미국 독립 전쟁을 촉발한 원인은 영국의 과도하고 일방적인 관세인 셈이다.

아이러니한 점은 부당한 관세에 저항하며 국가를 건립했던 미국 정부도 관세를 정부 재정 확보의 중요한 수단으로 활용했다는 점이다. 역사는 이를 구체적인 수치로 보여준다.

미국은 독립 이후인 1789년 연방정부의 재정 확보와 국내 산업 보호를 명목으로 관세법을 만들어 유럽산 제품에 대해 5~15%의 관세를 부과한다. 당시 관세는 미국 연방정부 총수입의 90% 이상을 차지했다.

미국 초대 재무장관인 알렉산더 해밀턴은 자국 산업의 보호 수단과 국가 재정수입 확보를 위해 관세를 적극 활용해야 한다고 주장했다. 이처럼 미국은 건국 초기부터 고관세 국가였다. 그러나 시간이 지나면서 공업 중심의 북부와 농업 중심의 남부가 관세를 놓고 대립하기 시작했다. 당시 미국의 제조업은 유럽에 비해 경쟁력이 떨어졌던 반면 광활한 대지를 기반으로 한 농업은 주요한 수출 산업으로 발돋움했다. 이 때문에 미국 제조업 보호를 위한 관세 정책에 남부 농민들은 크게 반발했다. 제조업 관세로 생활비가 상승한 반면 유럽의 보복관세로 농산물 수출은 어려워졌기 때문이다.

급기야 1832년 사우스캐롤라이나주가 연방관세 무효를 선언하게 되고 당시 대통령이었던 앤드류 잭슨은 군사력 동원까지 경고하며 강경대응에 나섰고, 갈등의 골은 깊어졌다. 이처럼 **관세를 둘러싼 남부와 북부의 대립은 남북전쟁의 주요 원인 중 하나로 작용했다.** 이후

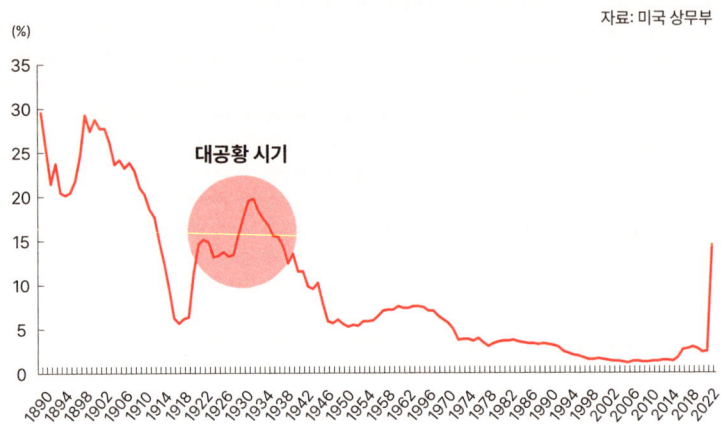

미국 평균 관세율 추이

남북전쟁이 북부의 승리로 끝나면서 미국의 보호주의 무역과 고관세 정책은 계속 이어진다.

각종 데이터를 통해서도 미국의 관세와 관련한 여러 가지 사실들을 알 수 있다. 남북전쟁 이후 자본주의 경제 태동기인 **1890년부터 2025년까지 미국의 연평균 관세율은 9.75%다. 매년 평균적으로 10%의 관세를 부과**해온 셈이다.

미국의 고무줄
관세 정책

1900년대 초반, 미국 관세는 30%를 오르내렸다. 영국과 프랑스 등 유럽 선진국에 비해 후발 주자였던 미국의 입장에서는 제조업 보호와 재정수입 확보라는 측면에서 관세는 매우 필요한 수단이었다. 미국의 제조업 경쟁력이 약했을 때는 높은 관세가 일반적이었지만, 미국 기술이 발전하고 글로벌 제조업에서 수출 경쟁력을 갖게 되면서부터는 교역을 통해 이익을 보게 됐다. 경제가 성장할수록 관세율은 낮아졌고 미국은 이를 통해 다른 나라와 무역을 활발히 진행했다.

미국이 상호주의에 입각해 관세를 낮추게 된 결정적인 계기는 역설적이지만 1920년대 말 발생한 대공황이었다.

1929년 월스트리트의 주가 폭락으로 경제가 급속히 악화되자 미국 정부는 처음에는 관세를 대폭 올리는 정책을 실시했다. 수입을 줄이고 국내 생산을 늘리겠다는 발상이었다. 미국 의회에서 리스 스무트 상원의원과 윌리스 C. 홀리 하원의원이 관세 인상 법안을 주도했다. 그들의 이름을 따서 당시 고율의 관세를 부과하도록 명문화한 법을 '**스무트-홀리법**Smoot-Hawley Tariff Act'이라고 한다.

이 법안에 따라 수입품에 대한 평균 관세율은 13%에서 19%까지 올랐다. 하지만 당시 상당수의 수입품이 무관세였기 때문에 관세가 부과됐던 품목을 기준으로 하면 **평균 관세율은 59.1%까지 올랐다.** 관세 인상의 결과는 끔찍했다. 미국이 관세를 올리자 영국, 프랑스 등 미국의 주요 교역 상대국들도 보복관세를 부과하기 시작했다.

미국의 수입액은 1929년 44억 달러에서 1933년에는 15억 달러로 66%나 줄었다. 수출액도 같은 기간 54억 달러에서 21억 달러로 61% 감소했다. 대외 교역이 급속히 줄어들면서 미국의 국내총생산 GDP은 1929년 1,031억 달러에서 1933년에는 556억 달러로 46%나 급감했다. 미국뿐만 아니라 전 세계 무역량도 비슷한 기간 60% 이상 감소하면서 불황이 전 세계로 확산됐다.

스무트-홀리법의 제정과 이 법의 시행이 가져온 경제적 영향은 관세전쟁의 문제점을 그대로 노출시켰다. 이를 계기로, 미국은 1934년 상호무역협정법RTAA, Reciprocal Trade Agreements Act을 도입했다. 이 법에는 몇 가지 중요한 특징이 있다. 첫째, 대통령에게 다른 나라와 무역 협상을 하고 관세를 조정할 수 있는 권한을 부여했다. 이전에는 관세를 올리거나 내리는 권한이 전적으로 의회에 있었지만, RTAA 도입으로 대통령은 상호주의 원칙에 따라 다른 나라와 협상하고 관세를 조정하는 권한을 얻었다. 둘째, 일반적으로 다른 나라와 체결하는 조약은 의회의 3분의 2 이상의 동의를 받아야 하지만, RTAA에 따른 무역협정은 과반수 동의만으로 시행될 수 있어 대통령의 권한이 크게 확

스무트-홀리법이 불러온 관세 변화

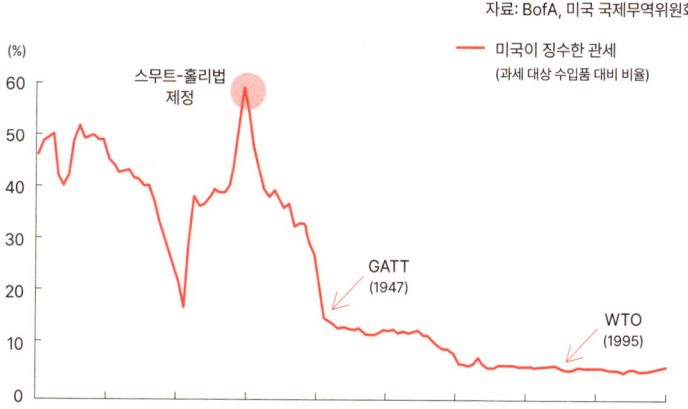

스무트-홀리법의 제정으로 미국 관세는 60% 선까지 급등했다. 국내 생산을 독려한다는 당초의 계획은 오히려 불황의 골을 더욱 깊게 만드는 결과를 낳았다.

대됐다. 셋째, RTAA를 통해 시행된 관세 인하를 폐지하려면 의회의 3분의 2 이상의 동의를 얻어야 한다. 즉, 한 번 관세율이 정해지면 이를 수정하기 어렵게 된 것이다.

RTAA에서 강조한 상호주의는 다른 나라가 관세를 낮추면 미국도 관세를 인하한다는 것이다. 그동안 관세 문제는 주로 수입품과 경쟁하는 국내 생산 업종의 관심사였지만, RTAA 시행으로 미국 내의 해외 수출업자도 관세에 관심을 갖게 됐다. 미국의 수출업자들은 자신들의 상품을 수입하는 수입국의 관세 인하를 요구하며 의회와 정치인들에게 로비할 수 있는 명분을 갖게 된 것이다.

미국은 이 법의 시행 후, 1934년부터 1945년까지 27개 국가와 32개의 상호관세 인하 협정을 맺게 된다. 이로 인해 미국의 관세는 하락하기 시작해 관세가 부과되는 수입품을 기준으로 한 평균 관세는 1932년 46%에서 1962년 12%로 낮아진다.

여기서도 한 가지 분명히 해둘 것은 미국이 단순히 '자유무역'을 주창하는 국가가 아니라는 점이다. 미국은 1776년 건국 이후 보호무역을 통해 발전했고 이를 통해 자국 산업을 보호해온 나라다. 이후 대공황과 스무트-홀리법의 실패를 거치며 도입한 것이 '상호주의'라는 원칙이다. 그러나 이 원칙도 따지고 보면 다른 나라의 관세 인하를 전제로 미국의 관세를 내려준다는 것이므로, 미국이 자유무역을 주창하고 다른 나라들이 이를 따라오도록 했다는 주장은 이론적으로나 현실적으로 맞지 않은 얘기다.

관세율의 변화 추이
한국과 비교

트럼프 정부가 전 세계 무역국가를 대상으로 상호관세를 부과하기 전, **미국의 평균 관세율은 3%정도로 낮은 편이었다.** 하지만 각 산업 분야별 관세를 살펴보면 큰 차이가 있다.

세계무역기구WTO 통계에 따르면 평균 관세가 가장 높은 산업 분야는 우유 및 유가공품 분야로 약 17.2%의 관세를 부과해 평균 관세보다 6배 정도 높다. 음료 및 담배(17.2%), 설탕 및 과자류(12.1%), 의류(11.7%) 등도 10%가 넘는 관세를 부과하고 있다. 반면 어류 및 수산물(0.7%), 목재·종이·가구(0.7%) 등은 매우 낮은 관세율을 적용하고 있다. 이 관세율은 미국이 WTO 규정에 따라 각국에 부과하는 최혜국대우MFN 관세율이다. 2025년 트럼프 정부가 부과한 상호관세율과 품목별 관세율을 감안하면 관세율은 훨씬 더 높아진다.

한국의 경우는 상황이 조금 다르다. **한국은 곡물 및 식품조제품 분야의 평균 관세율이 211.7%에 달한다.** 쌀에 대한 관세를 포함해 이 분야의 관세율이 압도적으로 높다. 다음으로 과일과 채소(67.2%),

미국 산업 분야별 평균 관세율

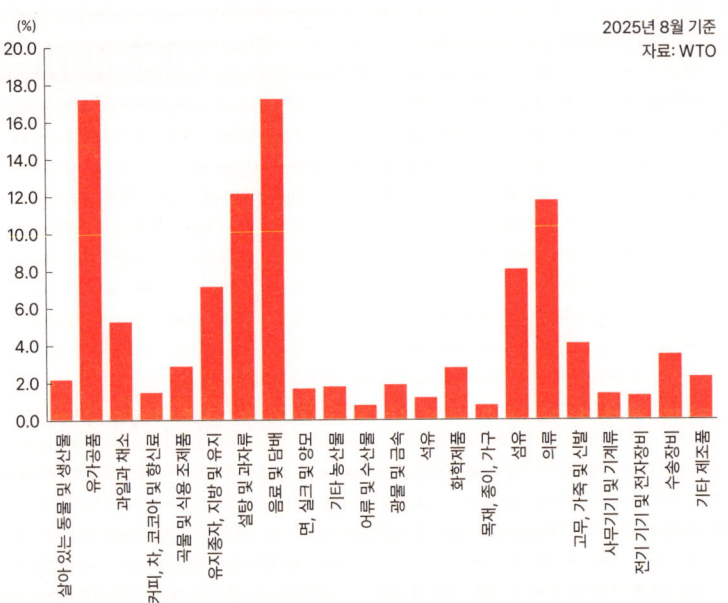

유가공품(57.9%), 커피·차·코코아 및 향신료(52.9%) 등도 높은 관세를 부과하고 있다. 반면 면·실크 및 양모(3.9%), 목재·종이·가구(2.9%), 전기 기기 및 전자장비(5%) 등은 상대적으로 관세율이 낮다.

양국의 관세율을 보면 몇 가지 특징을 발견할 수 있다.

일반적으로 농업 부문의 관세율이 상대적으로 높다. **미국의 경우 10% 이상 관세를 부과하고 있는 산업은 대부분 농업이다. 한국도 마찬가지다.** 미국이나 한국이나 국제표준인 산업 대분류HS1digit 방식에서 농업 분야가 전체 수입에서 차지하는 비중은 1%가 채 안 된다. 그럼에도 높은 관세를 부과하고 있는 것은 정치적인 이유 때문이다.

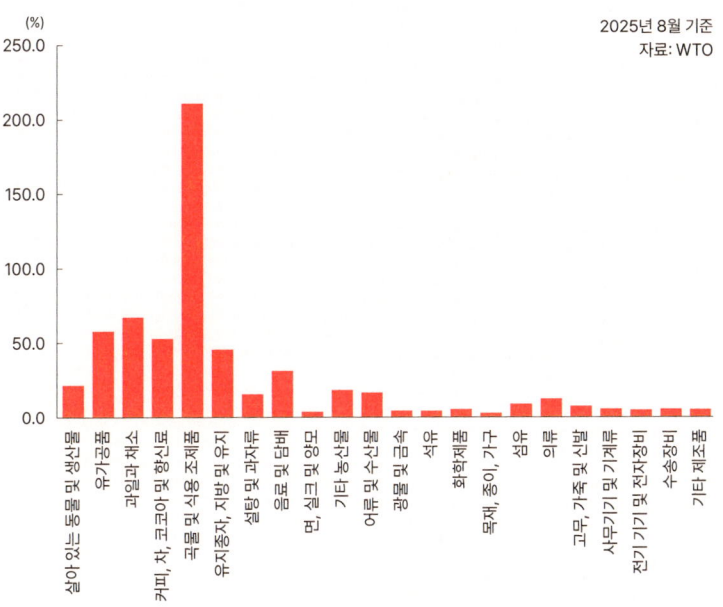

미국이나 한국이나 농업 분야의 정치적인 영향력은 상대적으로 높다. 유권자의 많은 부분을 차지하지는 않지만 농민들의 표심을 얻지 않고서는 선거에서 이기기 어렵기 때문이다. 아울러 농업 분야의 보호는 '식량 안보'라는 명분도 갖고 있다. 이런 이유 때문에 선진국이나 개발도상국 모두 관세가 상대적으로 높은 분야다.

농업 다음으로 관세가 높은 분야는 섬유 및 의류 산업이다. 미국은 이 분야의 관세가 11.7%에 달해 평균 관세보다 3배가량 높다. 미국의 섬유 산업은 1900년대 초반부터 정부가 보호하는 산업이었다. 이 산업은 매우 노동집약적인 산업의 특성을 갖고 있어 정치적으로 민감한 분야다. 시간이 지날수록 한국, 일본, 중국, 베트남 등 다른 나라가 저임금을 이용해 생산원가를 낮춤으로써 갈수록 미국의 경쟁력이 떨어지는 분야이기도 하다. 하지만 미국섬유연합회NCTO와 미국의류신발협회AAFA 등 많은 관련 단체들이 미국 상하원 의원들에게 강력한 로비를 하면서 산업을 보호해줄 것을 요청하고 있다. 따라서 이 분야 역시 정치·경제적인 이유로 관세율이 높다고 볼 수 있다.

전기·전자, 광물 및 금속, 자동차 및 기계류 등의 관세는 한국과 미국 모두 상대적으로 낮았다. 그동안 이 분야에서는 상대적으로 경쟁력이 강한 나라의 제품을 수입하는 것이 서로에게 유리하다는 판단이 작용했다. 수출 국가는 높은 생산성을 활용해 값싸고 질 좋은 제품을 만들어 판매하고 수입 국가는 상대적으로 낮은 가격으로 수입해 이익을 보는 식이다. 소비자와 제조업, 생산자 모두 정치적으로 큰 영향력을 발휘하지 않고 있는 것도 상대적으로 낮은 관세가 유지되는 이유다.

하지만 2017년 트럼프 대통령이 집권하면서부터 많은 것이 달라졌다. 그의 핵심 지지층은 미국의 디트로이트, 미시건 등 제조업 생산 지역의 블루컬러 노동자들로, 이들은 트럼프 대통령이 당선되는 데 큰 역할을 했던 사람들이다. 이를 반영하듯 트럼프 대통령은 대통령에 취임한 이후 제조업 분야에 대한 관세를 높이기 시작했다. 특히 대중국 관세를 대폭 올리면서 글로벌 관세전쟁의 포문을 열었다. 이처럼 관세 문제는 국내 정치와 밀접하게 맞물려 있다.

트리핀의 딜레마

1960년 로버트 트리핀Robert Triffin이라는 경제학자는 달러의 기축통화로서의 역할과 무역수지 간의 딜레마 관계를 역설한 『금과 달러의 위기Gold and the Dollar Crisis』라는 책을 썼다. 책의 내용은 훗날 '트리핀의 딜레마'로 불리며 국제경제학에 자주 인용됐다.

트리핀은 당시 기축통화로서 미국 달러의 역할은 필연적으로 달러가 실제보다 과대평가되는 문제를 일으키며 이는 결국 달러 가치를 훼손시키는 모순에 직면할 것으로 내다봤다. 그 과정은 이렇다.

전 세계 무역은 대부분 달러로 이루어진다. 따라서 세계경제 규모와 교역량이 커질수록 각국의 달러 수요도 함께 증가한다. 미국이 기축통화의 지위를 유지하려면 이 늘어나는 수요에 맞춰 달러를 계속 공급해야 한다. 만약 미국이 달러 공급을 충분히 늘리지 않으면, 무역 과정에서 각국이 사용할 달러가 부족해진다. 그러면 일부 국가는 달러 대신 다른 통화를 이용해 거래하려 할 것이고, 이는 달러 수요를 감소시켜 달러의 기축통화 지위를 약화시킬 수 있다. 이를 막기 위해

트리핀의 딜레마
기축통화국인 미국이 세계경제에 달러를 충분히 공급하려면 적자를 감수해야 하지만, 지속적인 적자는 달러 가치와 신뢰를 떨어뜨린다. 반대로 미국이 달러 가치를 지키기 위해 적자를 줄이면, 국제 시장에 달러가 부족해져 세계경제가 위축된다.

미국은 달러를 지속적으로 세계시장에 공급해야 한다. 그 방법은 두 가지다. 첫째, 달러로 해외 상품을 구입하는 것이다. 이 경우 미국은 무역수지에서 적자를 감수하게 된다. 둘째, 해외 금융자산에 투자하는 것이다. 이 경우 미국은 다른 나라의 자산을 보유하는 동시에 달러를 세계에 공급할 수 있다. 이러한 과정을 통해 달러의 공급이 늘어나고, 미국은 기축통화로서 달러의 지위를 유지하게 된다.

달러 공급은 꾸준히 늘어나지만, 전 세계의 달러 수요는 여전하다. 금융과 외환시장이 달러를 중심으로 움직이기 때문에, 달러가 부족한 국가는 금융시장 불안에 노출될 수밖에 없다. 언제, 어떤 계기로 달러가 빠져나가 외환시장이 흔들릴지 알 수 없기 때문이다. 실제로 남미와 아시아는 물론, 영국 등 유럽 국가들까지도 과거 달러 부족으로 외환위기를 겪은 바 있다. 이 때문에 각국은 외환시장의 안정을 위해 달러를 외환 보유고 형태로 비축한다. 그러나 달러의 공급이 계속 늘어나면, 언젠가 달러 가치가 떨어질 것이라는 기대가 커진다. 실제로 달러 가치가 하락하면 각국의 외환 보유고는 평가손실을 입고, 달러의 기축통화 지위도 흔들리게 된다. 그렇기 때문에 미국이 달러를 대규모로 공급하더라도 달러 가치는 쉽게 떨어지지 않는 특이한 상태가 이어진다.

하지만 이런 균형은 영원히 유지될 수 없다. 달러 가치가 고평가된 상태가 계속되면 미국의 무역수지는 만성적인 적자에 빠진다. 반대로 달러 가치가 현실을 반영해 급락하면, 달러는 기축통화로서의 신뢰를 잃게 된다. 결국 미국은 **달러의 기축통화 지위를 유지하는 것과 무역수지의 균형을 맞추는 것을 동시에 달성할 수 없는 딜레마에 빠진다.** 이것이 바로 '트리핀의 딜레마 Triffin's Dilemma'다.

1960년 출간 당시에는 큰 주목을 받지 못했지만, 이후 미국은 트리핀이 예측한 딜레마에 빠져들었다. 결국 1971년 닉슨 대통령이 '금 태환 정지'를 선언하면서, 기존의 브레튼우즈 체제가 더 이상 지속될 수 없음을 스스로 인정했다. 트리핀의 경고가 현실이 된 것이다.

당시 미국은 금 1온스를 35달러로 언제든 교환해주는 금본위제를 유지하고 있었다. 그러나 달러 공급이 급격히 늘면서 달러 가치 하락에 대한 우려가 커졌고, 각국은 보유 중인 달러를 금으로 바꿔달라고 요구했다. 하지만 미국은 이미 남발한 달러를 감당할 만큼의 금을 보유하고 있지 않았다. 결국 닉슨은 일방적으로 "더 이상 달러를 금으로 교환하지 않겠다"고 선언했고, 금본위제는 붕괴되었다.

당연히 달러 가치는 급락했다. 이를 수습하기 위해 미국은 사우디아라비아와의 '페트로달러 Petrodollar' 협정을 체결했다. 미국은 사우디의 안보를 보장하는 대신, 석유 거래를 달러로만 결제하도록 합의한 것이다. 이 협정 덕분에 석유를 수입하는 모든 국가는 달러를 확보해야 했고, 달러에 대한 인위적 수요가 다시 창출되었다. 페트로달러 체제는 달러의 기축통화 지위를 되살리고 국제 금융 질서를 재편하는 데 결정적인 역할을 했다.

그러나 이 체제는 미국의 구조적 문제를 근본적으로 해결하지 못했다. 이후 미국은 만성적인 무역수지 적자에 시달렸고, 경제 위기 때마다 전 세계 금융시장을 뒤흔드는 파격적인 정책으로 위기를 모면해왔다.

달러의 폭력, 플라자 합의

닉슨의 금태환 정지에 이어 트리핀의 딜레마가 또 한번 현실화한 것이 1985년 '플라자 합의'다. 1980년대 들어 미국은 무역수지 적자와 재정 적자라는 '쌍둥이 적자'에 직면한다. 트리핀의 딜레마뿐만 아니라 몇 가지 사건이 추가로 발생하면서 쌍둥이 적자를 부추겼다.

이때 미국 경제는 물가와 경기 침체가 동시에 진행되는 스태그플레이션이 진행되고 있었다. 이를 막기 위해 미국 연방준비제도Fed는 금리를 대폭 올렸다. 미국 금리가 오르면서 달러는 더욱 고평가됐고 이로 인해 무역 적자는 심해졌다. 당시 집권한 로널드 레이건 대통령은 소련과의 군비 확장 경쟁을 벌이고 있었다. 이로 인해 정부 지출은 급증했고 재정 적자도 늘어갔다. 이에 더해 경기 부양을 위해 대규모 감세 정책을 펴면서 재정 적자는 더 커졌다.

이 같은 위기를 타개하기 위한 대책으로 미국은 1985년 9월 독일, 프랑스, 영국, 일본 등 서방 국가들과 뉴욕 플라자 호텔에 모여 일명 '플라자 합의'를 채택하게 된다. 각국 재무장관들이 모여 합의라는 형식을 취했지만 사실상 미국의 힘에 의한 강제적 합의에 가까웠다.

합의문에서는 현재의 환율이 정상궤도를 벗어났음을 인정하고 각국 간의 협의에 기반한 조치와 외환시장 개입을 통해 달러 가치의 고평가를 막아야 한다는 점을 명시했다. 주된 타깃은 일본이었다. 플라자 합의 전, 달러당 엔화 환율은 240엔대를 기록했으나 합의 이후 엔화 환율은 120엔까지 떨어졌다.

엔화 환율 하락은 엔화값을 인위적으로 고평가(평가절상)시켰다는 것을 의미한다. 엔화값이 2배 이상 오르면 일본의 수출 경쟁력은 급락한다. 일본만큼은 아니었지만 독일 마르크화도 플라자 합의 이후 40% 이상 평가절상됐다. 결국 플라자 합의는 환율조정을 통해 일본과 독일의 수출 경쟁력을 인위적으로 낮춰 미국의 무역수지를 개선하기 위한 목적으로 진행됐던 것이다.

플라자 합의 이후 미국의 쌍둥이 적자는 소폭 완화되는 조짐을 보였다. 하지만 이는 근본적인 해결책이 될 수 없었다. 플라자 합의로 엔화가 급격히 절상됐지만, 일본은 기술력과 품질 경쟁력으로 수출을 유지했다. 엔고 부담을 피하기 위해 일본 기업들은 미국 등 해외에 생산기지를 세워 수출 감소를 상쇄한 반면, 미국은 소비 중심 구조로 제조업이 약화돼, 환율 하락만으로 무역 적자를 줄이기 어려웠다. 레이건 행정부의 재정 적자로 인한 국채 발행과 미국 국채를 사기 위한 해외 자본 유입으로 달러 약세 효과도 제한됐다. 결과적으로 플라자 합의는 환율만 조정했을 뿐, 미·일 무역 불균형의 근본 원인을 해소하지 못했다.

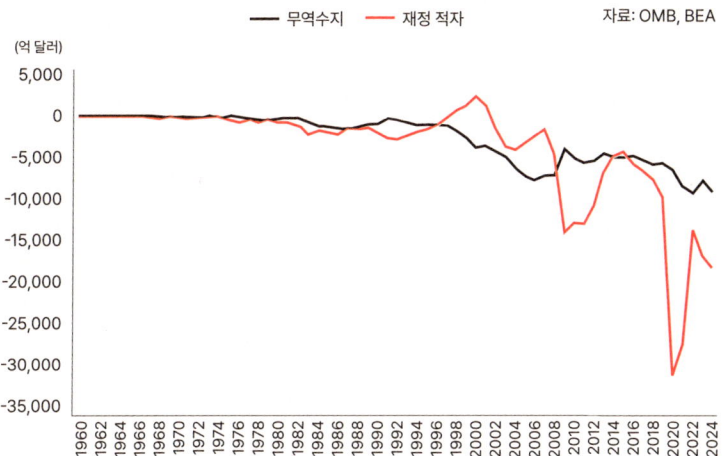

미국 무역수지와 재정 적자 추이

1990년대에 들어서며 미국의 무역 적자와 재정 적자는 다시 늘어났고 이 추세는 2000년대 이후에도 지속되고 있다. 미국은 트리핀의 딜레마를 미국의 정치 외교력을 통해 일시적으로 봉합했지만 시간이 지나면 딜레마가 다시 부각되는 악순환이 반복되고 있다.

미국을 구한 달러,
양적완화

2000년대 들어 미국은 기축통화로서의 달러 지위를 대외 거래뿐만 아니라 자국의 경제 문제를 해결하는 과정에서도 적극적으로 활용했다. 세계 무역을 촉진하는 과정에서 기축통화인 달러의 강세가 계속되자 이를 국내 경기 부양의 도구로 사용한 것이다. 그 과정은 이렇다.

화폐는 각국이 마음만 먹으면 언제든지 찍어낼 수 있으며, 화폐에 대한 공급은 국가가 정책적으로 결정할 수 있다. 하지만 화폐의 공급이 늘어났는데 수요가 늘어나지 않는다면 화폐의 가격은 떨어진다. 예를 들어, 어떤 나라가 화폐의 공급을 2배로 늘렸지만 화폐에 대한 수요가 종전과 달라지지 않을 경우 화폐값, 즉 화폐가치는 2분의 1로 하락한다. 화폐가치 하락은 물가가 오르는 인플레이션을 의미한다. 반면, 어떤 나라가 화폐의 공급을 2배로 늘렸을 때 화폐에 대한 수요도 2배로 늘어난다면 화폐값은 떨어지지 않는다. 즉, 인플레이션이 발생하지 않고 새로 찍어낸 화폐를 동원해 다양한 정책 목표를 달성할 수 있다.

전 세계 화폐 중 공급을 늘렸을 때 수요가 동시에 늘어나는 화폐는 달러가 유일하다. 세계 거의 모든 나라가 달러를 원한다. 달러를 갖고 있으면 어느 나라의 물건이든 살 수 있고 각국을 여행할 때도 사용이 가능하다. 이 모든 것은 달러가 기축통화이기 때문에 가능한 일이다. 이런 이유로 미국 정부와 연방준비제도Fed가 달러 공급을 늘리면 전 세계의 달러 수요도 동시에 늘어난다. 달러값이 떨어지지 않는 이유다.

이것이 바로 미국이 2008년 금융위기에서 벗어날 수 있었던 이유이기도 하다. 금융위기는 미국 내부의 문제였다. 2000년대 들어 미국 부동산 시장에 집값이 계속 상승할 것이라는 기대감이 확산되면서 주택 버블이 생겨났다. 너도나도 앞다퉈 집을 사들이기 시작했고 이 과정에서 은행들은 신용도가 낮은 사람들에게까지 무분별하게 대출을 확대했고, 저신용자를 대상으로 한 주택담보대출 즉, 서브프라임 모기지를 기반으로 한 금융회사들의 파생상품이 시중에 대거 유통됐다.

은행 대출로 집을 사는 분위기가 확산되면서 주택 가격은 더욱 급등했고 주택 버블은 끝도 없이 커져만 갔다. 버블은 언젠가는 터진다. 위기 징후를 감지한 미국 중앙은행이 대출 금리를 올리자 시장에서는 신용도가 낮고 대출을 무리하게 받은 사람들부터 빚을 못 갚는 상황이 벌어지기 시작했다. 빚을 감당하지 못한 많은 사람들이 한꺼번에 집을 내놓으면서 집값은 걷잡을 수 없이 하락했다. 버블이 본격적으로 터지기 시작한 것이다.

집값이 급락하고 대출금을 갚지 못해 파산하는 사람들이 늘어났고, 대출금 회수에 실패한 은행들도 연이어 파산 위기에 처했다. 은행들이 파산하면 은행으로부터 대출을 받은 기업들은 더 이상 자금을 융통할 수 없게 되고 대출 회수 압력이 거세져 재무구조가 악화된다. 이는 기업의 파산으로 이어지는 악순환의 고리가 만들어진다. 이처럼 은행의 파산은 기업과 가계 모두에 큰 타격을 주게 되고 이에 따른 금융 및 실물경제의 몰락으로 미국 경제는 거의 붕괴할 지경에 이르렀다.

이때 미국은 기축통화인 달러를 활용해 위기를 타개했다. 돈이 필요한 금융회사, 기업 등에 달러를 대거 공급해 금융회사와 기업의 기반이 붕괴되는 것을 일단 막았다. 2008년부터 2014년까지 진행된 양적완화Quantitative Easing 정책을 통해 총 3.9조 달러의 유동성이 시중에 공급됐다. 금리도 0% 수준으로 낮췄다. 돈을 제때 갚지 못해 부도가 나는 상황을 최대한 막은 것이다.

미국이 뿌린 달러가 미국에만 머물러 있었다면 미국은 대규모 인플레이션에 허덕였을 것이다. 통화 공급이 증가하면 시차를 두고 물가가 오르는 것은 자연스런 현상이다. 하지만 미국이 공급한 달러는 미국 기업과 금융회사를 거쳐 전 세계로 퍼졌다. 국제무역과 투자를 통해 달러가 전 세계로 퍼져나가자 세계 각국에 달러가 넘쳐났다. 각국은 이 달러를 외환 보유고 형태로 쌓아놓거나 자국 통화로 바꿔 시중에 유통시켰다.

금융위기 때 미국은 기축통화인 달러를 찍어내 전 세계에 풀었다. 미국만이 할 수 있는 '양적완화' 정책은 곧 미국의 인플레이션 수출이라고 볼 수 있다.

미국은 달러를 해외로 보내 자국의 인플레이션을 막았지만 다른 나라는 넘치는 달러로 인해 인플레이션 압력에 시달렸다. 미국은 달러를 찍어내 금융위기를 모면했으나 다른 나라에 인플레이션을 수출한 꼴이 됐다. 달러가 기축통화가 아니라면 이런 식의 대책은 상상조차 하기 어렵다. 만약 다른 나라에서 미국과 같은 서브프라임 모기지 사태가 발생했다면 그 나라는 분명 국가 부도 상황에 처했을 것이다. 글로벌 금융위기는 기축통화국에 경제 위기가 닥쳤을 때 이를 해결해 나가는 과정에서 다른 나라에 피해를 얼마나 전가할 수 있는지를 여실히 보여줬다.

2020년 코로나19로 인해 경제 위기가 발생하자 미국은 또다시 대규모 양적완화 정책을 꺼내 들었다. 2020년부터 2022년까지 미국이 시중에 공급한 유동성은 4.7조 달러로 글로벌 금융위기 때보다 많았다. 금융위기 때와 유사한 메커니즘이 작동해 미국이 푼 돈은 전 세계 국가로 흘러 들어갔다. **2008년 글로벌 금융위기 이후 미국은 자국의 경제 위기가 닥치면 달러를 풀어 문제를 해결했고 그 결과 불황과 인플레이션은 다른 나라로 수출됐다.**

미국의 무역적자, 재정적자와 달러의 기축통화 역할 그리고 미국이 경제 불황과 위기를 수출하는 과정은 서로 거미줄처럼 엮여 있다. 이 중 어느 하나만 해결하는 것은 거의 불가능한 상황에 이르렀다. 미국이 내세우는 상호주의를 이해하기 위해서는 실물경제는 물론 금융 외환 시장까지 감안해야 하는 이유다.

달러패권의 대가

 미국의 무역 적자와 재정 적자가 동시에 진행된 1970년대 글로벌 금융시장에서 발생한 가장 중요한 변화 중 하나는 미국을 제외한 다른 나라들이 미국 국채를 본격적으로 사들이기 시작한 것이다.

 1940년대까지만 해도 미국을 제외한 다른 나라들이 보유한 미국 국채는 10억 달러가 채 안 됐다. 이 금액은 조금씩 증가하기 시작해 1970년에는 190억 달러로 늘었지만 30여 년 동안의 증가액은 180억 달러에 불과했다. 그러다가 1970년대부터 외국인들이 보유한 미국 국채 보유액이 기하급수적으로 늘어난다. 10년 새 1,000억 달러가 늘어나 1980년에는 1,200억 달러가 되더니, 1990년에는 4,879억 달러, 2000년에는 1조 2,600억 달러, 2010년에는 4조 4,000억 달러로 급속히 늘어난다.

 미국 재무부 통계에 따르면 2024년 말 기준으로 외국인의 미국 국채 보유량은 8조 6,196억 달러다. 45년 만에 외국인들의 미국 국채 보유량은 70배가 넘게 증가했다. 미국을 제외한 모든 나라들이 미국 국채를 중요한 자산으로 보유하고 있기 때문이다.

2025년 1월 기준, 미국 국채 보유액은 일본이 1조 793억 달러로 가장 많으며, 중국과 영국이 각 7,608억 달러와 7,402억 달러의 미국 국채를 보유하고 있다. 이어 캐나다, 프랑스, 대만 순으로 미국 국채 보유량이 많다. 한국도 1,222억 달러의 미국 국채를 갖고 있다.

국채는 말 그대로 국가의 빚이다. 미국이 전 세계 국가에 막대한 규모의 빚을 지고 있는 것이다. 각국이 미국에게 빚을 갚으라고 요구한다면 미국은 파산에 이를 것이다.

하지만 빚에도 '대마불사'의 원리가 작동한다. 빚이 적당히 많으면 채권자가 큰소리를 친다. 반면 빚이 너무 많으면 오히려 채무자가 큰 소리를 칠 수 있다. 빚을 못 갚겠다고 선언하면 채무자는 물론 채권자도 망하기 때문이다.

이럴 땐 갑을 관계가 바뀐다. 채무자가 빚을 더 달라고 하면 채권자는 꼼짝없이 빚을 늘려줄 수밖에 없다. 오늘날 미국과 세계 각국의 관계가 바로 이와 같다.

앞에서 살펴본 바와 같이 미국 국채가 늘어난 것은 실물경제와 밀접한 관련이 있다. 미국이 자신들이 생산한 것 이상의 물건을 소비하다 보니 돈이 필요했고 돈을 빌리는 가장 효율적인 방법이 국채를 발행하는 것이었다. 무역 적자와 국채 간의 연관고리는 이렇게 만들어졌다.

미국 정부는 필요할 때마다 국채를 발행해 자금을 조달한다. 따라서 미국 국채는 재정 적자의 상징이기도 하다. 실물 시장의 관점에서

외국인의 미국 국채 보유량

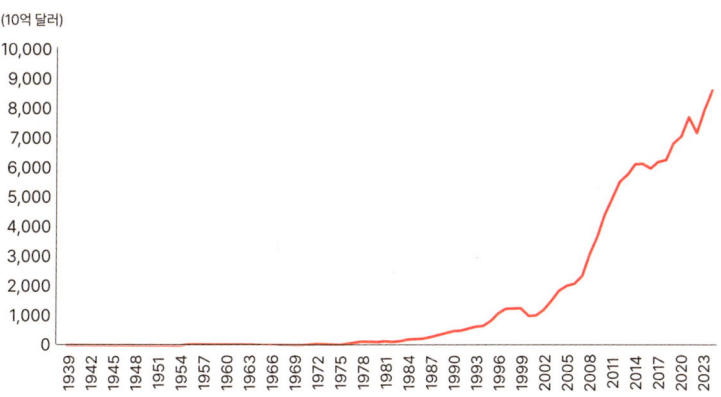

보면 미국 국채는 실물 시장의 문제를 해결하는 수단으로 발행된 금융자산이다. 미국 실물경제의 문제점을 고스란히 담고 있는 증서인 것이다.

글로벌 금융시장의 논리는 조금 다르다. 달러가 전 세계 무역의 결제 통화로 활용되는 것과 같이 미국 국채는 글로벌 금융시장에서 대표적인 안전 자산으로 꼽힌다. 특히 미국이라는 나라는 전 세계에서 가장 강력하고 부유한 나라다. 돈을 빌려줄 때도 가장 신용도가 높고 안전한 사람에게 빌려주려고 하는 것처럼 각국은 여윳돈을 운영하는 과정에서 가장 안전한 선택지로 미국 국채를 택했다.

안전 자산으로 손꼽히는 미국 국채는 글로벌 채권시장에서 금리의 기준으로 작용한다. 많은 글로벌 펀드들이 미국 국채를 보유함으로써 펀드의 안정적인 수익 기반을 구축한다. 그러다 보니 미국 국채는 글로벌 금융시장에서 황제 대접을 받는다. 실상은 미국의 빚이지만 미국 국채의 움직임에 각국이 촉각을 곤두세운다. 미국은 거대한 빚을 활용해 글로벌 금융시장을 좌지우지할 수 있는 힘마저 얻었다.

전 세계 수많은 국가와 투자자들이 미국 국채의 움직임에 일희일비한다. 미국이 금리를 올려 미국 국채값이 떨어지면 미국 국채를 편입한 글로벌 펀드들의 수익률은 떨어지고 이로 인해 많은 투자자들이 재산상의 손해를 본다. 반면 미국이 금리를 내려 국채값이 오르면 펀드의 수익률은 오르고 각국이 갖고 있는 자산의 가치도 오른다.

이러다 보니, 미국 국채의 문제는 더이상 미국의 문제가 아닌 전 세계의 문제가 됐다. 하지만 미국 국채의 수급은 미국이 통제한다. 글로벌 실물경제의 공급망에서 중국의 위상이 빠르게 높아지고 있지만, 금융시장에서는 아직도 미국에 한참 뒤처져 있는 것도 이 같은 미국 국채의 위상 및 움직임과 관련이 깊다.

제2차 세계대전 후 국제무역에서는 상호주의 원칙이 어느 정도 작동해왔지만 금융시장에서는 달러와 국채를 통해 미국의 일방주의가 작용했다고 보는 것이 맞다. 트럼프 대통령은 무역에서의 상호주의를 내세웠지만, 무역에서 관세를 필두로 한 상호주의를 논하기 전에 금융에서의 상호주의도 포함시켜야 문제가 풀린다.

한마디로 제2차 세계대전 후 미국은 무역 적자를 달러와 국채를 필두로 한 금융패권과 맞바꾼 것이라고 볼 수 있다. 하지만 이런 구조가 언제까지 지속될지는 의문이다. 미국의 무역 적자와 재정 적자가 감당할 수 없을 만큼 커지면서 세계경제 구조에 대한 불안감도 커지고 있기 때문이다.

미국 부채의
이면

 미국에는 부채 시계 National Debt Clock라는 것이 있다. 미국 정부의 부채가 실시간으로 계산되는 시계다. 2025년 10월 8일 오전 1시 33분 기준으로 미국 부채는 37조 8,356억 8,650만 9,366달러였다. 1분이 지난 1시 34분에 확인한 부채는 37조 8,356억 8,934만 2,285달러다. 1분 만에 정부 부채가 283만 2,919달러 늘었다. 원화로 환산하면 미국 정부 부채는 1분당 39억 원 이상 늘어나고 있는 셈이다. 부채 증가를 표시하는 숫자는 초 단위로 증가하고 있다. 이런 나라가 과연 지속될 수 있을까?

 숫자로 보는 미국 국가 부채 상태는 심각하다. IMF 자료에 따르면 2025년 GDP 대비 국가 부채 비율은 아프리카의 수단이 251%로 가장 높다. 그 다음이 일본(234%), 싱가포르(174%), 그리스(142%), 이탈리아(132%) 순이다. 미국의 국가 부채 비율은 122%로 세계에서 아홉 번째로 높다. 국가 부도 위기로 몸살을 앓고 있는 프랑스도 미국보다 낮은 116%다. 유럽 국가 중 부채 비율이 높은 그리스, 이탈리아, 프랑스 등은 모두 재정위기를 경험했거나 경험 중이다.

비율이 아닌 규모로 따져보면 미국이 압도적이다. 2025년 기준으로 미국의 정부 부채는 37조 달러가 넘는다. 이는 중국(18조 달러)의 2배이며 일본(9조 8,000억 달러)의 4배에 달한다. 재정 위기를 겪은 이탈리아(3조 3,000억 달러), 프랑스(3조 7,000억 달러)보다도 10배 많은 수준이다. 미국 국민 1인당 11만 달러(1억 5,400만 원), 납세자 1인당 33만 달러(4억 6,200만 원)의 정부 빚을 떠안고 있다. 미국은 세계에서 가장 부자인 나라이면서 가장 빚도 많은 나라인 셈이다.

미국은 빚을 내서 빚을 갚아야 하는 빚의 악순환에 빠져들었다. 정부 부채 문제를 근본적으로 해결하지 않고서는 국가가 유지되기 어려운 상태다.

미국의 빚이 처음부터 이렇게 많았던 것은 아니었다. 미국이 영국의 식민지로부터 독립하게 된 계기도 영국의 재정 문제 때문이었다. 영국 정부와 왕실의 방만한 재정 운영으로 식민지에서의 세금을 늘리자 이에 반발한 미국인들이 영국과 전쟁을 벌였고 이 전쟁에서 승리하면서 미국이 탄생한 만큼 미국인들에게 정부 재정의 건전성은 무엇보다 중요하다. 의회가 나서서 정부의 부채 한도를 정할 만큼 정부 살림살이에 대한 감시와 감독도 철저하다. 1930년대까지만 해도 미국 정부는 세수가 정부의 지출보다 많은 재정 흑자국이었다.

하지만 이후 위기가 닥칠 때마다 정부는 빚을 내서 이를 충당했다. 1930년대에는 대공황을 탈피하기 위해 정부 지출을 대대적으로 확대하는 '뉴딜 정책'을 폈다. 정부가 나서서 국가 인프라를 구축하고

뉴욕 도시 중심가에서 볼 수 있는 미국 부채 시계. 초 단위로 숫자가 계속 늘어난다. 국가 부채를 각 가구당으로 나눈 수치도 볼 수 있다. 경각심을 불러일으키는 전광판이다.

실업자들에게는 실업 보조금을 지급했다. 농민들에게도 보조금을 지급해 생계를 지원하고 농산물 가격을 안정시켰다. 이 과정에서 대규모 국가 재정이 투입됐다.

1940년대에는 미국이 제2차 세계대전에 본격적으로 참여하면서 국가 부채가 눈에 띄게 늘었다. 전쟁 때 국가 부채가 늘어나는 것은 어느 나라나 마찬가지다. 그 다음으로 국가 부채가 늘어난 시기는 1980년대 로널드 레이건 대통령의 '레이거노믹스'가 진행되던 시절이다. 당시 미국 정부는 세금을 대폭 감면하는 와중에도 소련과의 군비 경쟁으로 국방비 지출을 크게 늘렸다. 이를 통해 미국은 1980년대 후반 체제 경쟁에서 승리하게 되지만 대신 막대한 재정 적자를 감수해야 했다.

2008년 글로벌 금융위기 때 미국은 긴급경제안정법을 발동시켰다. 이 과정에서 정부는 문제자산구제프로그램TARP을 통해 부실 금융기관에 정부 재정을 투입하고 금융회사의 자산을 대규모로 매입했다. 연준이 통화를 무제한으로 푸는 양적완화 정책을 실시하고 정부 재정이 대규모로 투입되면서 미국 금융시스템은 가까스로 안정을 찾았다.

2020년 코로나19로 촉발된 경제 위기 때도 정부가 긴급경제지원법안을 발동시키면서 막대한 규모의 재정이 지출됐다. 당시 미국 정부는 국민 1인당 최대 1,200달러를 현금으로 지급하고 실업급여도 주당 최대 600달러까지 추가 지원했다. 중소기업과 지방기업 등 재정난을 겪고 있는 기업에 대해 보조금을 지급하고 개인과 기업의 세금 납부기한을 연기해줬다. 모두가 대규모 국가 재정을 필요로 하는 정책들이다. 의료보험과 국민연금 확대 등 미국 국민들의 복지를 늘리는 과정에서도 정부의 씀씀이는 늘어났다.

미국의 부채가 늘어나는 과정을 보면 2000년대를 기점으로 부채 증가 이유가 뚜렷하게 변했다는 것을 알 수 있다. 2000년대까지 미국 부채는 미국이 세계 정치와 경제를 이끄는 리더로서의 역할을 하는 과정에서 발생한 측면이 크다. 미국에서 시작했지만 전 세계로 번진 1930년대 대공황을 수습하는 과정에서 미국 정부는 돈을 풀었고 제2차 세계대전과 소련을 필두로 한 공산국가들과의 체제 경쟁에서 이기기 위한 군비 지출도 많았다. 1950년에 발발한 한국전쟁을 비롯해 국지적으로 발생한 다양한 전쟁에 개입하는 과정에서도 미국은 돈을 풀어 각국을 지원했다.

하지만 2000년대 이후 미국의 재정 지출 확대는 미국 내부의 문제를 해결하는 과정에서 발생했다. 2008년 글로벌 금융위기는 미국의 부동산 버블이 붕괴에서 비롯됐다. 미국인들의 탐욕과 이로 인한 부동산 버블이 급속히 터지면서 미국 경제가 붕괴될 위기에 처하자 미국은 막대한 재정을 풀었다. 아울러 2020년 코로나19 팬데믹 때도 마찬가지였다. 미국은 다른 나라들보다 압도적으로 많은 재정을 풀어 경제 위기를 막았다.

1980년대 3조 달러를 밑돌았던 미국 국가 부채는 20년 후인 2000년에는 10조 달러로 8조 달러 정도가 늘었다. 이후 25년이 경과한 2025년에는 37조 달러로 27조 달러나 급증했다. 미국이 이 막대한 부채를 유지할 수 있는 것은 미국 달러의 기축통화로서의 지위와 이로 인해 미국 국채가 글로벌 안전 자산으로 인정을 받고 있기 때문이다. 그렇지 않다면 미국은 여타의 나라들처럼 재정 위기를 피하지 못했을 것이다.

병든 사자 주위로 몰려드는
하이에나

미국 국채는 글로벌 금융시장에서 황제 대접을 받고 있지만 그 황제를 감시하는 세력도 있다. 바로 글로벌 신용평가사들이다. 그들은 자본의 논리에 아주 충실한 집단이다. 어떤 주체든 상관없이 돈을 안전하게 빌려줄 수 있을지를 항상 점검해본다. 미국도 예외는 아니다. 2010년 이후 신용평가사들로부터 미국 국채에 대한 경고음이 나오고 있다.

한 국가가 발행하는 국채의 신용도를 평가하는 글로벌 신용평가사들은 종종 하이에나에 비유된다. 그 이유는 간단하다. 국가가 강할 땐 근처에 얼씬도 하지 않다가, 병이 들었다고 생각하면 그제야 주변을 어슬렁거린다. 한 번씩 건드려 보면서 힘이 얼마나 남았는지 살펴본다. 그러다 힘이 빠진 것으로 확인되면 순식간에 모여들어 집단을 형성하고 사정없이 물어뜯는다. 1997년 아시아 외환 위기 당시, 한국의 신용등급을 2개월 만에 9단계나 떨어뜨린 것이 대표적인 사례다. 이로 인해 우리나라는 국가 부도 위기까지 몰리면서 힘든 시기를 겪어야 했다. 2010년 유럽의 그리스, 이탈리아, 포르투갈 등도 신용평가사들의 신용등급 강하가 빠른 속도로 진행되면서 재정 위기에 몰린 사례로 종종 거론된다.

2010년 이후 신용평가사들이 세계에서 가장 강력한 국가인 미국을 건드리고 있다. 경제가 어려울 때마다 국가 부채로 떠받쳐 온 미국의 정책이 한계를 노출하면서 신용평가사들을 자극한 것이다. 글로벌 3대 신용평가사 중 하나인 스탠더드앤드푸어스S&P가 2011년 미국의 신용등급을 한 단계 낮췄다. 이후 신용평가사들은 하이에나처럼 미국 주변을 어슬렁거렸다. 그러다 2023년 피치Fitch Ratings가 가세했고, 2025년 5월에는 무디스Moody's까지 미국의 신용등급을 내렸다. 세계 3대 신평사가 모두 미국의 신용등급을 한 단계 낮춘 것이다. 이것은 실로 상당한 의미를 갖는다.

먼저 미국의 병이 중증에 접어들었다는 신호다. 데이터가 이를 뒷받침한다. 미국의 국가 부채는 37조 달러가 넘고 GDP 대비 국가 부채 비율도 120%를 웃돈다. 2001년 미국 국가 부채는 5조 6,000억 달러, 부채 비율은 53%였다. 25년 만에 부채는 7배나 늘었고 부채 비율도 70%p 급증했다. 빚에 대한 이자만 연간 1조 5,000억 달러에 이른다. 미국은 빚을 갚기 위해 빚을 내야 하는 빚쟁이 국가로 전락했다. 미국이 기축통화국만 아니라면 이미 위기에 처하고도 남을 상황이다. 신평사들은 일단 미국의 부채상환 능력이 한계에 도달했다는 점을 간파하고 경고의 메시지를 날린 것이다.

미국은 신용등급상으로는 더 이상 최강 국가가 아니다. 무디스의

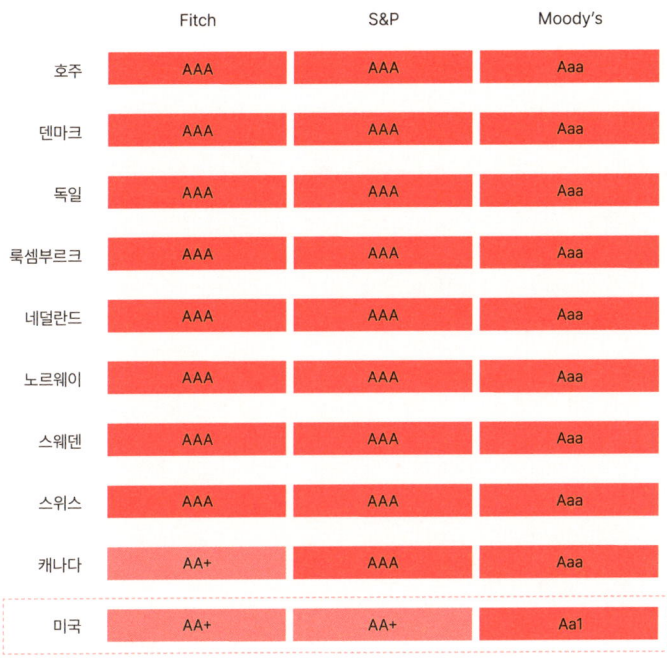

평가에 따르면 호주, 스위스, 독일, 덴마크, 스웨덴 등 11개 국가의 신용등급이 미국보다 높다. S&P와 피치 등 다른 신용평가회사의 평가도 비슷하다. 세계 3대 신용평가사 신용등급상 미국이 2등급 국가로 전락한 것은 제2차 세계대전 후 처음 있는 일이다.

신용평가사들은 이제 집단적으로 미국을 공격할 준비를 갖췄다. 그들이 미국의 국가 신용등급을 떨어뜨리면 투자자들은 미국 국채를 던지고 이는 금리 상승으로 이어진다. 그럼 미국의 상환 능력은 더 떨어진다. '신용등급 하락→국채 금리 상승→채무 상환 능력 쇠퇴→신용등급 추가 하락'의 악순환 고리가 형성된다. 이때 신용평가사들의 집단성이 발휘되면 속도는 한층 빨라진다.

미국의 상황을 보면 부채의 늪에서 빠져나올 해법이 보이지 않는다. 다만 미국이 여타 국가와 다른 점은 달러라는 기축통화를 무기로 전 세계의 경제를 장악하고 있으며, 정치·군사적으로도 광범위한 영향력을 행사한다는 점이다. 부채 위기가 가져올 파장을 앉아서 당하지는 않을 것이다.

미국은 위기가 오면 일단 다른 나라들을 앞세운다. 정치·군사·경제적 관계를 총동원해 다른 나라로 위기를 이전시키고 시간을 벌어 충격을 줄이는 것이 미국의 전략이다.

역사도 이를 증명한다. 1971년 리처드 닉슨 대통령은 달러를 갖고 오면 금으로 바꿔주겠다는 약속을 한순간에 뒤집었다. 다른 나라들은 곤경에 처했지만 미국은 이를 통해 위기에서 벗어났다. 1985년 로널드 레이건 대통령은 일본·독일의 통화가치를 급속히 절상하는 '플라자 합의'를 반강제적으로 맺었다. 이들을 희생양 삼아 미국은 무역과 재정 두 분야의 '쌍둥이 적자' 문제를 일시적으로 해결했다.

이처럼 미국은 다른 나라를 희생양으로 삼아 자신들의 문제를 해결해왔다. 일단 미국을 제외한 그 어떤 나라도 대상이 될 수 있다. 하지만 그렇게 해결하기에는 미국의 병이 중증 단계에 이르렀다는 지적도 있다. 병을 고칠 가능성이 없다고 판단되면 미국이 하이에나의 먹잇감이 될 수도 있다. 병든 사자인 미국과 그를 둘러싼 하이에나의 움직임에 세계경제는 요동친다.

미국은 어떻게든 문제를 해결해 국가 경제를 정상궤도에 올려놓아야 하는 입장이다. 그러나 실물경제만 놓고 보면 해법이 보이지 않는다. 이미 미국은 각종 제조업에서 경쟁력을 상실했다. 제조업을 과거 '세계의 공장'으로 활동했을 당시만큼 돌려놓으려면 상당한 시간이 필요하다. 그럼에도 불구하고 미국 국채와 달러는 여전히 세계에서 가장 강한 지위를 확보하고 있다. 채권과 외환시장에서 미국의 지위를 최대한 활용해 시간을 벌고 이 기간 중 제조업을 정상화시키는 것이 하나의 전략이 될 수 있다. 그만큼 금융시장에서의 미국 패권은 여전히 막강하다.

다만 금융시장에서 미국의 이해를 관철시키기 위해서는 다른 나라의 희생이 필요하다. 1970년대 닉슨 대통령 때는 전 세계를 상대로 미국의 위력을 과시했고 1985년 플라자 합의 때는 일본과 독일이 주요한 타깃이었다. 2020년 이후, 그 타깃은 중국을 향했다.

4장

TRUMPISM AND TARIFF WAR

트럼프 라운드

닉슨의 부활?

"미국은 오랫동안 세계 경제 질서의 기초를 유지하기 위해 과도한 부담을 져왔다. 이제 다른 국가들도 공정한 몫을 감당해야 할 때."

얼핏 보면 2025년 트럼프 미국 대통령이 한 말 같다. 그런데 이 발언은 1971년 8월 15일 리처드 닉슨 미국 대통령이 전 국민을 상대로 한 라디오 연설에서 밝힌 내용이다. 닉슨 대통령은 공정성 회복을 위해 세 가지 정책을 제시했다. 이는 '신경제정책'이라 불렸다.

첫째, 달러를 가져오면 금으로 바꿔주겠다는 약속을 깨고 금태환 정지 선언을 했다. 두 번째로는 향후 90일간 미국 내 임금과 가격을 동결한다는 것이다. 세 번째는 미국이 수입하는 모든 제품에 대해 일방적으로 10%의 관세를 부과한다는 내용이다. 아울러 개인소득세를 감면해주고 기업 투자에 대한 세금도 깎아주는 대대적인 감세 조치도 내놨다.

당시 사람들이 귀를 의심할 만큼 충격적인 내용이었다. 자본주의

1971년 닉슨의 '금태환 정지' 선언은 세계 금융과 경제에 쇼크를 던진 대사건이었다. 당시 닉슨이 했던 말이 지금 트럼프 시대에 메아리치고 있다.

시장경제의 상징인 미국에서 사회주의 국가에서나 나올 법한 정책들이 나왔기 때문이다. 닉슨의 이런 정책들은 묘하게 트럼프의 정책들과 오버랩된다. 이런 점에서 트럼프가 참고로 했을 만한 모델은 닉슨의 모델이다. 재미있는 사실은 트럼프가 젊었을 때 처음으로 교류했던 미국 대통령도 닉슨이었다는 것이다.

부동산 개발업자였던 트럼프는 36세인 1982년 '워터게이트 사건'으로 불명예 퇴임을 한 닉슨과 뉴욕 맨해튼의 21클럽에서 처음 만난다. 이 만남 후 트럼프는 닉슨에게 편지를 보내 "당신은 이 나라의 위대한 인물"이라고 치켜세우면서 교류를 이어간다. 이후 트럼프와 닉슨은 1993년까지 10여 통의 편지를 주고받으며 다양한 이슈에 대해 의견을 교환했다. 트럼프의 정치관과 정책들은 닉슨이 내놓은 것과 상당 부분 비슷하다. 닉슨과의 교류가 트럼프에게 많은 영향을 미쳤을 것으로 예상되는 부분이다.

먼저 전 세계를 압박하는 명분이 똑같다. 미국이 세계 질서를 유지하느라 많은 비용을 들이는 동안 각국은 이런 미국의 희생을 이용해 자국의 이익을 챙겼다는 것이다. 그러므로 미국이 어려울 때는 각국이 나서서 미국을 도와야 한다는 것도 일치한다.

세금과 관련된 정책도 비슷하다. 트럼프는 2025년부터 전 세계를 상대로 10~50%의 상호관세를 부과한다. 아울러 2025년 7월 '하나의 크고 아름다운 법안One Big and Beautiful Act'을 통해 소득세와 법인세 등의 대대적인 감세 정책을 내놨다.

달러를 무분별하게 찍어내고 달러값이 떨어지자 '금태환 정지'를 선언한 닉슨처럼 트럼프는 미국의 막대한 부채를 줄이기 위해 각국을 압박하는 정책을 내놨다. 한국, 유럽, 일본 등 미국의 주요 동맹국들을 상대로 미국에 대규모 직접 투자를 할 것을 요구하고 이 재원을 통해 미국 부채를 갚아 나간다는 계획이다. 2020년대 미국 국채 위기가 1970년대 달러 위기와 비슷한 양상을 띠고 있는 것도 유사하다.

닉슨은 아서 번스 당시 연준 의장을 압박해 기준금리를 내리도록 유도했다. 당시 미국은 통화정책의 독립성이 지금처럼 강하지 않아 닉슨의 요구는 비교적 쉽게 받아들여졌다. 닉슨의 영향을 받은 트럼프도 연준이 대통령의 요구를 받아들여야 한다는 생각을 갖고 있다. 연준의 독립성이 과거와 비교할 수 없을 정도로 강해졌음에도 트럼프는 연일 금리를 내리도록 연준을 압박하고 있다.

역설적인 것은 닉슨의 정책이 '빛과 그림자'를 가져왔다는 사실이다. 신경제정책으로 달러값과 물가는 단기적으로 안정됐고 닉슨은 재선에 성공하기도 했다. 하지만 후유증도 만만치 않았다. 닉슨 정책의 부메랑으로 1974년 이후부터 미국 경제는 10%가 넘는 물가 상승과 7~8%에 달하는 실업률을 기록하며 '스태그플레이션'에 빠져들었다. 내리 눌렀던 가격은 폭발했고 경제는 추락했다. 여기에 '오일쇼크'까지 덮치며 스태그플레이션은 1970년대 내내 미국을 괴롭혔다. 이 문제는 1979년 연준 의장으로 선임된 폴 볼커가 기준금리를 연 22%까지 올리면서 겨우 진정됐다.

볼커는 2013년 노벨 경제학상 수상자 마틴 펠드스타인 전 하버드 대학교 교수와의 대담에서 "1970년대 닉슨의 신경제정책 이후 후속 조치가 필요했지만 닉슨 대통령은 후속 조치에 관심이 없었다"고 털어놨다. 볼커가 기준금리를 대폭 올릴 때 닉슨은 이미 야인이었고 인플레이션과 경기 침체에 따른 고통은 고스란히 국민의 몫이었다.

트럼프의 정책이 훗날 후유증을 가져올 때 트럼프 역시 야인으로 돌아가 있을 가능성이 높다. 그리고 그 고통은 미국을 비롯한 전 세계 사람들의 몫이 될 것이다.

트럼프가 바꾼
국제 질서

2016년 미국 대통령 선거에서 당선된 트럼프는 취임 후부터 미국을 비롯한 세계 경제질서를 뿌리부터 뒤흔들었다. 그가 세계 경제질서를 마음대로 뒤흔들 수 있던 배경에는 기존 질서가 한계를 노출한 측면도 컸다.

당시 세계 무역 질서는 WTO라는 다자주의 협상이 한계를 노출하면서 지역주의로 전환되고 있던 시점이었다. 지역 간 무역협정은 중국, 일본, 유럽 등을 중심으로 다극화되는 양상을 보였다. WTO는 미국이 주도해 만든 글로벌 다자주의 협상 체제였지만 미국은 리더십을 점차 상실해갔다. 그럼에도 미국의 많은 사람들은 다자주의 협상의 틀을 유지해야 된다는 생각을 갖고 있었다. 그러나 트럼프의 생각은 전혀 달랐다. 트럼프는 다자주의가 미국의 이익을 침해했다는 논리를 앞세우며 WTO와 지역주의 등의 다자주의를 기본적으로 부정했다. 그의 생각은 곧 행동으로 드러났다.

트럼프 대통령은 취임 직후인 2017년 1월 환태평양경제동반자협

트럼프 1기 관세 부과 현황

품목	관세율	대상	부과연도	근거
철강	25%	전 세계 (개별협상으로 예외)	2018	무역확장법 제232조(국가 안보)
알루미늄	10%	전 세계 (개별협상으로 예외)	2018	무역확장법 제232조(국가 안보)
중국산 수입품	7.5 ~ 25%	중국	2018 ~ 2019	무역법 제301조 (지적재산권 침해)

정TPP에서 탈퇴한다고 선언했다. 또 미국이 캐나다, 멕시코와 맺은 북미자유무역협정NAFTA을 '미국에 불리한 최악의 협정'이라고 비난했다. WTO 체제에 대해서도 비판을 이어갔다. 그러면서 중국을 비롯해 전 세계를 상대로 일방적인 관세를 부과하기 시작했다.

트럼프 1기 행정부는 관세 부과의 명분으로 여러 이유를 내세웠지만, 그 근거는 모두 미국 국내법에 기반하고 있었다. 이로 인해 미국이 다른 나라와 과거에 체결했던 여러 무역협정은 사실상 무효화됐다.

특히 철강과 알루미늄 제품에 대해서는 거의 모든 국가를 대상으로 관세를 부과했는데, 그 법적 근거로 무역확장법 232조가 활용됐다. 이 조항은 무역이 미국의 국가 안보를 위협한다고 판단될 경우, 행정부가 관세나 수입 제한 등 보호무역 조치를 취할 수 있도록 규정하고 있다. 무역확장법은 1962년 제정된 법으로, 당시 미국이 다자주의 무역협상을 확대하기 위해 마련한 것이다. 이는 1930년대의 상호무역협정법RTAA보다 행정부의 무역협상 권한을 한층 강화한 법이었다. 케네디 라운드와 같은 다자 협상을 원활히 추진하기 위해 행정부에 협상 권한을 위임하는 동시에 안보를 이유로 한 무역 제한 조치도 가능하도록 규정했다. 이 법 조항 자체가 국제 무역 질서에 어긋나는 것은 아니다. 실제로 GATT 제21조에서도 "회원국은 국가 안보상의 필요에 따라 무역을 제한할 수 있다"고 명시하고 있다. 자유무역 확대를 위해 만든 법 조항을 트럼프는 보호무역을 위해 이용하고 있는 것이다.

중국에 대한 대규모 관세 부과의 근거로는 무역법 301조가 적용됐다. 1974년 만들어진 이 법은 미국이 불공정 무역 행위를 적발했을 때 관세를 포함한 무역 제한 조치를 취할 수 있도록 했다. 이에 따라 2018년 미국은 중국의 무역 행위를 조사하고 광범위한 지적재산권IP 침해 행위가 발견됐다고 주장했다. 이를 근거로 미국은 이후 중국으로부터 수입되는 총 3,700억 달러의 수입품에 대해 최대 25%까지 관세를 부과했다.

미국은 1995년 WTO 체제가 출범한 이후 이 법 조항을 거의 적용하지 않았다. 불공정 무역에 대해서는 WTO 규칙을 따르는 것이 일반적이었다. 하지만 트럼프는 WTO와 상관없이 독자적으로 무역 제제를 가하기 위해 과거의 법안을 들고 나왔다. 트럼프는 미국이 동원할 수 있는 법적·제도적 장치들을 총동원해 관세를 부과했다.

문제는 미국의 이런 조치가 국제적인 규칙에 타당한지 여부다. 먼저 미국이 관세 부과 목적으로 제시한 '안보상 위기'가 WTO 규칙에 맞는지가 쟁점이 됐다. 2018년 EU, 중국, 캐나다, 노르웨이 등은 미국을 WTO에 제소했고 WTO는 2022년 12월 "무역확장법 232조에 따른 미국의 관세 조치가 WTO 위반"이라고 판결했다. 하지만 미국은 "미국의 안보는 WTO가 판단할 사안이 아니다"라며 WTO의 판결을 무시하고 여전히 고율의 관세를 부과했다. 트럼프 행정부 입장에서는 WTO의 규칙이 그리 중요하지 않았다. WTO를 지탱했던 다자간 상호주의 규칙이 트럼프의 '일방주의'로 바뀌었다.

이에 중국과 EU 등은 트럼프 행정부의 조치에 대해 보복에 나섰고, 미국산 콩과 위스키, 모터사이클에 대해 25%의 관세를 부과했다. 미국의 행동에 대해 상호주의에 입각해 보복 조치를 취한 것이다. 한 국가의 관세는 이처럼 다른 나라의 보복을 유발해 글로벌 교역을 급속히 위축시킨다.

2021년 미국 대선에서 트럼프를 꺾고 대통령에 당선된 조 바이든은 취임 일성으로 "미국이 돌아왔다 America is back."라고 외쳤다. 이 발언은 트럼프 때의 모든 잘못된 정책을 수정하겠다는 의미로 받아들여졌다. **하지만 대외 무역에서는 예전의 미국이 돌아오지 않았다. 바이든 정부가 트럼프 정부의 관세정책을 사실상 계승했기 때문이다.** 바이든 행정부는 트럼프 행정부 때 부과됐던 철강과 알루미늄에 대한 관세를 그대로 유지했다. 트럼프 때 부과했던 대중국 관세는 그대로 유지하면서 태양광 패널, 리튬이온 EV배터리, 의료기기 등에 대한 관세는 2~3배 더 인상했다. 보호주의는 한번 적용되면 정권과 무관하게 상당 기간 지속되는 경향이 있다. 바이든 정부는 이런 특징을 그대로 보여줬다.

트럼프 2기
보호무역주의

2024년 11월 트럼프가 다시 미국 대통령에 당선되면서 미국의 일방주의적 무역정책은 한층 더 강화됐다. 미국 《워싱턴포스트》가 집계한 자료에 따르면 2020년 트럼프 1기 때, 미국이 다른 나라에 부과하는 평균 실효관세율은 1.5%였다. 중국에 25%가 넘는 관세를 부과했음에도 트럼프 1기 때 미국 전체 수입액에 대한 관세 수입비율을 의미하는 실효관세율은 1%대로 높지 않았다.

이 비율은 2024년 바이든 정부 말기에 2.2%로 소폭 올랐다. 바이든 정부도 중국에 대한 관세를 높였지만 실효관세율은 평균 2.2% 정도로 그다지 높지 않았다. 이어 트럼프 2기 정부가 들어선 2025년 1월에도 관세율이 2.5%로 소폭 올랐다. 하지만 트럼프의 관세 정책이 본격화한 2025년 8월에는 미국의 실효관세율이 19%에 달하는 것으로 파악됐다. **평균 관세율이 무려 8배나 급증한 것이다.**

트럼프 정부 들어서서 미국이 세계 각국에 부과하는 관세는 중층적인 구조를 갖고 있다. 먼저 모든 나라에 대해 10%의 보편관세를 부과

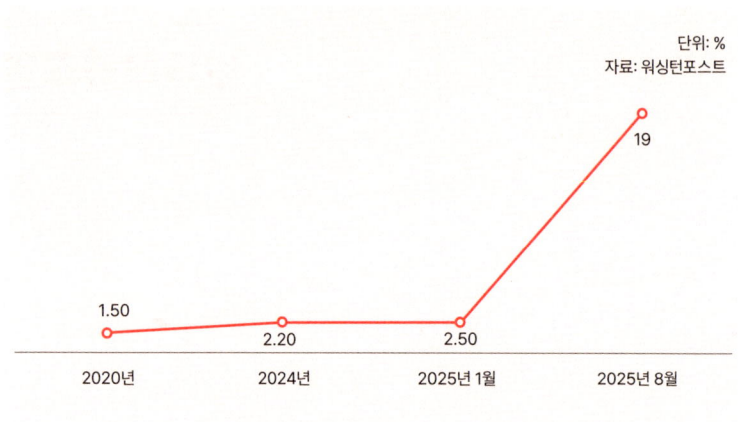

한다. 10% 보편관세의 근거는 국가비상경제권한법IEEPA에 근거한 대통령의 긴급 행정명령이다. 트럼프는 2025년 4월 '행정명령 14257'을 통해 전 세계 국가를 상대로 10%의 보편관세를 부과했다. 이어 무역 적자가 큰 국가들은 10%보다 높은 상호관세를 부과하기로 했다.

이어 미국의 국가별 무역 적자를 기준으로 국가별 상호관세율을 발표했다. 이때 발표한 상호관세율은 EU 20%, 일본 24%, 한국 25%, 중국 34%, 베트남 46% 등이다. 미국 수입액 대비 무역 적자 비율이 큰 나라일수록 높은 수준의 관세율이 적용됐다. 미국은 2025년 7월 말까지 각국과의 협상을 통해 최종적인 상호관세율을 결정했다. 이 과정에서 EU, 일본, 한국 등은 대규모 미국 투자를 약속하고 관세율을 낮췄다. 2025년 8월에 적용되는 상호관세율은 EU, 일본, 한국 등이 15%로 결정됐고 베트남은 20%로 확정됐다. 캐나다(35%), 스위스

(39%), 인도(50%) 등은 관세율이 더 높다. 모두가 미국과의 개별 협상을 통해 정해진 관세율이다.

트럼프 행정부는 상호관세와 함께 미국 무역확장법 232조에 입각한 품목별 관세도 별도로 부과하고 있다. 2025년 9월 기준으로 미국은 모든 나라로부터 수입하는 철강, 알루미늄에 대해 50%의 관세를 부과하고 있다.

국가에 대해 일률적으로 부과하는 상호관세와 수입 품목별 관세가 어떻게 적용되는지에 따라 최종 관세율이 결정된다. 예를 들어, 품목별 관세와 상호관세 중 하나만 적용될 경우 해당 관세율이 최종 관세율로 결정되지만 두 관세가 중첩적으로 적용될 경우 두 관세율을 합한 것이 최종 관세율이 된다. 국가에 대한 관세와 품목에 대한 관세가 복잡하게 연결돼 있어 각국은 미국으로 수출할 때 관세율이 어떤 근거에 의해 어떻게 적용되는지를 놓고 협상을 벌이기도 한다. 예를 들어, 일본이 미국으로 자동차를 수출할 때는 자동차 품목관세 25%가 적용되는 것이 아니라 국가에 대한 상호관세인 15%가 적용된다. 중국이 미국으로 철강제품을 수출할 때는 품목관세에 상호관세를 더한 만큼을 관세로 내야 한다. 높은 관세에 더해 관세율을 계산하는 복잡함까지 있어 미국과의 무역은 갈수록 힘들어지고 있다.

한국 무역협회가 집계한 자료에 따르면 미국의 2024년 상품 수입액은 3조 2,600억 달러에 달한다. 《워싱턴포스트》의 추정에 따르면 2025년 8월의 실효관세율 19%를 적용할 경우 미국의 연간 관세 수입은 6,000억 달러가 넘는다. 미국 재무부에 따르면 2024 회계연

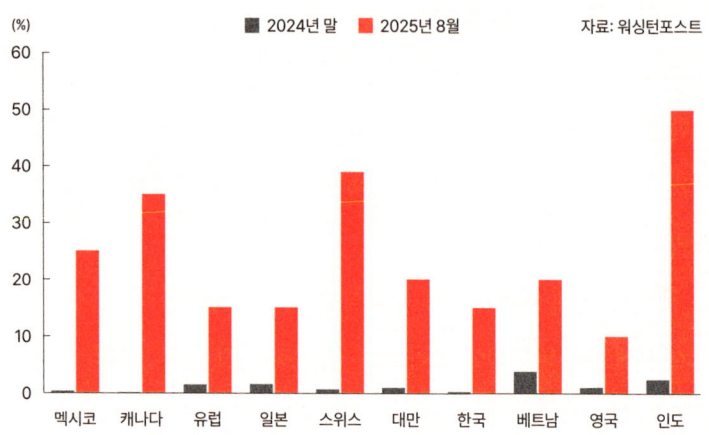

도(2023.10~2024.9) 미국 연방정부의 조세 수입은 4조 9,000억 달러였는데, 그렇다면 **트럼프의 관세율 인상에 따른 관세 수입은 미국 전체 조세 수입의 12%를 차지하게 된다.** 관세율 인상 전 조세 수입 전체의 관세 비중이 1.6% 안팎이었던 것을 감안하면 8배가량 늘어나는 셈이다. 이런 관세 수입이 이어진다면 미국의 재정 적자 문제를 해결하는 데 어느 정도 도움이 될 것으로 보인다.

미국 재정 적자 문제는 트럼프만의 것이 아닌 초당적인 문제다. 이런 이유 때문에 **한번 올린 관세율을 다시 되돌리기는 쉽지 않다.** 2017년부터 본격화한 미국의 보호주의가 앞으로 상당 기간 이어질 것이라는 전망이 나오는 것도 이런 이유 때문이다.

(39%), 인도(50%) 등은 관세율이 더 높다. 모두가 미국과의 개별 협상을 통해 정해진 관세율이다.

트럼프 행정부는 상호관세와 함께 미국 무역확장법 232조에 입각한 품목별 관세도 별도로 부과하고 있다. 2025년 9월 기준으로 미국은 모든 나라로부터 수입하는 철강, 알루미늄에 대해 50%의 관세를 부과하고 있다.

국가에 대해 일률적으로 부과하는 상호관세와 수입 품목별 관세가 어떻게 적용되는지에 따라 최종 관세율이 결정된다. 예를 들어, 품목별 관세와 상호관세 중 하나만 적용될 경우 해당 관세율이 최종 관세율로 결정되지만 두 관세가 중첩적으로 적용될 경우 두 관세율을 합한 것이 최종 관세율이 된다. 국가에 대한 관세와 품목에 대한 관세가 복잡하게 연결돼 있어 각국은 미국으로 수출할 때 관세율이 어떤 근거에 의해 어떻게 적용되는지를 놓고 협상을 벌이기도 한다. 예를 들어, 일본이 미국으로 자동차를 수출할 때는 자동차 품목관세 25%가 적용되는 것이 아니라 국가에 대한 상호관세인 15%가 적용된다. 중국이 미국으로 철강제품을 수출할 때는 품목관세에 상호관세를 더한 만큼을 관세로 내야 한다. 높은 관세에 더해 관세율을 계산하는 복잡함까지 있어 미국과의 무역은 갈수록 힘들어지고 있다.

한국 무역협회가 집계한 자료에 따르면 미국의 2024년 상품 수입액은 3조 2,600억 달러에 달한다. 《워싱턴포스트》의 추정에 따르면 2025년 8월의 실효관세율 19%를 적용할 경우 미국의 연간 관세 수입은 6,000억 달러가 넘는다. 미국 재무부에 따르면 2024 회계연

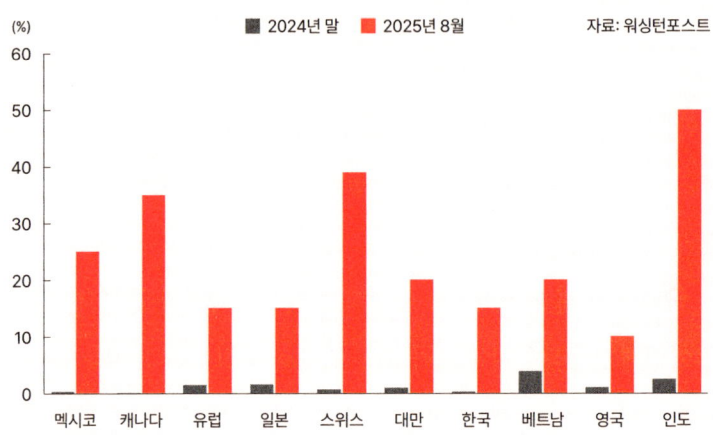

도(2023.10~2024.9) 미국 연방정부의 조세 수입은 4조 9,000억 달러였는데, 그렇다면 **트럼프의 관세율 인상에 따른 관세 수입은 미국 전체 조세 수입의 12%를 차지하게 된다.** 관세율 인상 전 조세 수입 전체의 관세 비중이 1.6% 안팎이었던 것을 감안하면 8배가량 늘어나는 셈이다. 이런 관세 수입이 이어진다면 미국의 재정 적자 문제를 해결하는 데 어느 정도 도움이 될 것으로 보인다.

미국 재정 적자 문제는 트럼프만의 것이 아닌 초당적인 문제다. 이런 이유 때문에 **한번 올린 관세율을 다시 되돌리기는 쉽지 않다.** 2017년부터 본격화한 미국의 보호주의가 앞으로 상당 기간 이어질 것이라는 전망이 나오는 것도 이런 이유 때문이다.

트럼프 2기 주요 관세 종류 및 개요

구분	개념·법적 근거	주요 대상	세율 범위	목적 및 특징
① 보편관세 Universal Tariff	미국 국내법(I.E.E.P.A. 등)에 근거한 **모든 수입품 기본 관세**	거의 전 품목, 전 세계	약 **10% 수준** (기본세율)	"미국산 제품이 불리하지 않도록 모든 수입품에 기본세율을 부과" - 사실상 **전면적 보호무역 관세**
② 상호관세 Reciprocal Tariff	IEEPA와 무역법 301조 및 대통령 행정명령	미국에 불리한 관세 구조를 가진 **국가별** (예: 한국, 일본, EU 등)	10~50% 범위	"미국에 20%를 매기면 우리도 20% 매긴다"는 **'관세 상호주의'** 원칙에 따라 설정
③ 품목별관세 Sectoral / Targeted Tariff	**무역확장법 제232조** 및 **무역법 제201·301조**	특정 산업(철강, 알루미늄, 자동차, 반도체, 배터리 등)	품목별로 최대 25~50%	안보 또는 산업 보호 명분으로 특정 품목에 집중 부과 - 기존 무역확장법 제232조 조치의 연장선
④ 국가별 특별관세 Country-specific Tariff	무역법 제301조 기반 맞춤형 조치	중국, 멕시코, 캐나다 등	국가별 차등 세율	불공정 무역행위·지식재산 침해 등 특정 사유에 따라 맞춤형 부과(일종의 '징벌적 관세')

상호주의 가면을 쓴
일방주의

 제이미슨 그리어 미국무역대표부USTR 대표는 2025년 8월 트럼프 행정부의 무역정책을 WTO 체제를 대체할 새로운 질서로 규정했다. 그는 언론 기고에서 "제2차 세계대전 후 설립된 무역 질서는 미국에게만 불리하게 작용했다"며 "우리는 이제 트럼프 라운드를 목도하고 있다"고 했다. USTR은 미국의 무역정책을 총괄하는 곳이다.

 미국이 공식적으로 WTO로 구축된 세계 무역 질서의 종언을 고한 셈이다. 2008년 도하 라운드를 끝으로 다자간 무역협상은 사실상 종결됐고 그동안 세계 무역 질서는 혼란기를 겪어왔다. WTO는 그 힘을 잃어갔고 새로운 무역 질서는 확립되지 않았다. 그러던 와중에 트럼프가 미국 대통령에 당선되면서 과거와는 전혀 다른 무역 질서를 만들고 있다. 이를 반영해 USTR도 이제 '트럼프 라운드' 시대가 열렸다고 밝힌 것이다. 실제 WTO에 기반한 세계 무역 질서는 트럼프가 관세 폭탄을 투하하면서 무역 질서의 근간을 흔드는 것에 대해 어떠한 실질적인 조치도 취하지 못했다.

앞으로 열릴 '트럼프 라운드' 시대는 몇 가지 특징들이 있다.

첫 번째 특징은 종전 다자주의에서 양자주의로의 이동이다. **트럼프는 모든 무역협상을 일대일로 만나서 해결한다.** 한국과의 관세 문제는 한국과 트럼프의 담판이고 일본과의 문제는 일본과 트럼프의 담판이다. 이처럼 국가의 큰 문제들은 정상 간 담판으로 해결한다. 트럼프는 상대 국가 대표를 직접 만나 어르고 달래며 미국의 이익을 챙긴다. 강자가 약자를 다루는 방법은 약자들 여럿이 모여 강자에 대응하지 못하도록 하고 일대일로 굴복시키는 것이다. 트럼프의 양자주의는 전형적으로 강자가 약자를 억압하는 형태다.

1995년 WTO의 출범과 함께 한 시대를 풍미했던 세계화의 이데올로기는 자취를 감췄다. 또 2010년대 이후 도하 라운드가 난항을 겪으면서 대안으로 등장했던 지역주의도 더이상 통용되지 않는다.

트럼프 대통령의 "관세는 가장 아름다운 단어"라는 말은 교역에 있어서 미국의 일방주의를 선언한 것이나 다름없다.

모든 나라들은 트럼프와 담판을 지으면서 자국의 문제를 해결해야 한다. 트럼프는 이처럼 모든 나라들을 분리시켜 미국의 협상력을 극대화하는 전략을 펴고 있다.

두 번째 특징은 **일괄타결 방식**이다. 트럼프는 취임 후 "관세는 세상에서 가장 아름다운 단어"라며 관세를 극찬했다. 트럼프는 관세 정책을 전면에 내세웠지만 트럼프가 해결해야 할 미국의 경제적 문제는 무역수지뿐만이 아니다. 막대한 규모의 재정 적자와 이로 인한 국가 부채 문제도 동시에 해결해야 한다. 아울러 관세 부과로 인한 물가 상승도 막아야 하고 저금리 기조도 유지해야 한다. 이 때문에 트럼피즘은 관세를 내세워 미국의 문제를 해결하는 데 최대한 도움이 되도록 각국으로부터 가장 많은 것들을 챙기는 것을 목표로 한다. 따라서 트럼프와 협상할 때 관세에만 매몰돼서는 문제를 풀기가 어렵다.

세 번째는 관세 협상 타결을 위해 **미국의 정치 군사력을 최대한 협상에 동원한다**는 점이다. 미국의 안보우산 아래 있는 국가들에게는 안보를 위협하면서 협상력을 끌어올린다. 전쟁 가능성이 높은 나라에는 미국의 지원을 중단하겠다고 으름짱을 놔 미국에게 유리한 협상을 진행한다. 이렇듯 안보와 경제를 넘나드는 것도 트럼프 라운드의 특징이다.

네 번째 특징은 **모든 것을 거래로 보는 것이다.** 주는 것이 있으면 받는 것이 있어야 한다. 트럼프는 이를 '상호주의'라고 불렀다. 거창한 이데올로기 같지만 시장에서 흥정하는 것처럼 단순할 수도 있다.

상호주의라고 해서 서로가 공평하게 주고받는 것은 아니다. 상호주의에 입각한 협상은 상대적이고 주관적이다. 트럼프 입장에서는 미국의 계산에 맞아야 상호주의라는 말을 붙일 수 있다.

트럼프식 상호주의는 GATT 이후 국제 무역 질서를 만들었던 상호주의와는 다르다. **'미국의, 미국에 의한, 미국을 위한 일방주의'**로 보는 것이 타당하다. 트럼프의 등장과 함께 상호주의는 미국이 주도하는 양자협상을 의미하는 용어로 그 뜻이 바뀌고 있다.

신의 한 수,
미란 보고서

트럼프 미국 대통령은 2024년 선거 운동을 할 때부터 '저금리 약달러 고관세 저물가'를 외쳤다. 그의 공약은 이렇다. 높은 관세를 매겨 수입을 줄이고 미국 현지 생산을 늘려 이를 통해 미국 제조업을 부흥시킨다. 저금리를 유도해 기업 자금 조달 비용을 줄여 경쟁력을 높인다. 또 미국 소비자들을 위해서는 물가를 낮춘다. 아울러 달러 약세를 유도해 미국의 수출경쟁력을 강화한다. 좋은 것만 다 갖다 붙인 정치 공약이었다.

당시 경제학자를 비롯해 경제 전문가들은 그의 공약을 비웃었다. 관세를 높이면 이는 물가 상승을 유도한다. 물가 상승을 막기 위해 미국 연준은 금리를 올린다. 금리가 올라가면 달러 강세가 되고 미국의 수출 경쟁력이 약화된다. 서로 모순되는 정책을 펴겠다는 트럼프의 전략은 선거용 구호에 불과하다는 것이다.

하지만 트럼프는 '신의 한 수'가 있다고 봤다. 스티븐 미란Stephen Miran이라는 경제학자가 아이디어를 제공했다. 트럼프 당선 후 미란

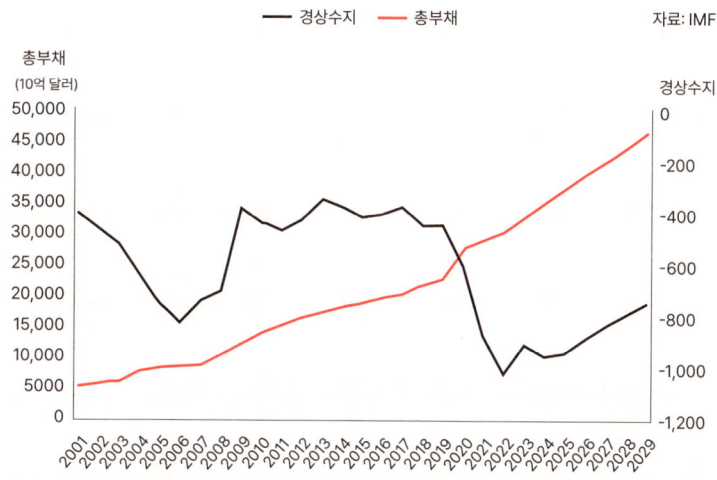

미국 정부 총부채와 경상수지 추이

은 2025년 3월, 트럼프 2기 미국 백악관 경제자문위원회CEA 위원장으로 선임됐다. 이어 8월에는 미국 연방준비제도 이사로 지명되기도 했다. 트럼프 정부의 핵심 요직을 번갈아가며 독차지하고 있는 것이다. 그는 2024년 11월 허드슨베이캐피털 전략담당자로 근무하면서 〈글로벌 무역시스템 재구성 사용자 가이드〉라는 보고서를 냈는데 이것이 트럼프의 눈에 들어왔다.

미란 보고서의 핵심은 미국이 글로벌 기축통화국으로서의 지위를 유지하면서도 저금리와 약달러를 유도해 미국의 수출 경쟁력을 높이고 미국을 다시 제조업 강국으로 만드는 방안에 있다. 이것이야 말로 트럼프 선거 공약을 모두 충족시키는 복안이 아닐 수 없다. 처음에는 변방 경제학자의 공상적인 아이디어로 치부됐지만 트럼프가 내세우는 정책들이 보고서 내용과 맞아 떨어지면서 트럼프의 책사로 주목받고 있다.

    미란 보고서의 현실 진단은 사실 다른 경제학자의 여느 보고서와 다르지 않다. 미국의 무역 적자와 재정 적자는 이제 임계점에 왔다. IMF에 따르면 2025년 미국 정부의 총부채는 37조 달러를 넘어, 2011년 이후 7배 이상 늘었다. 경상수지 적자도 매년 늘어나 2022년에는 1조 달러를 넘어섰다. 눈덩이처럼 늘어나는 국가 부채와 경상수지 적자를 메우기 위해 미국 정부가 발행하는 장단기 국채 발행 물량도 급증하고 있다.

    정부가 발행한 국채 만기가 돌아올 때마다 미국 정부는 이 채권의 만기를 연장하거나 막대한 돈을 쏟아부어 채권 원리금을 상환해야 한다. 빚을 내서 빚을 갚는 악순환 고리는 갈수록 심해지고 이대로 가면 미국은 적자의 늪에서 벗어나지 못한다. 여기에 미국 달러는 글로벌 기축통화인 관계로, 미국이 달러를 찍어내는 족족 다른 나라의 곳간에 외환 보유고 형태로 쌓인다. 미국이 적자의 늪에 빠져도 달러가 강세를 유지하면 무역 적자의 규모는 더 커지고 미국 제조업의 수출 경쟁력은 악화된다.

    이 딜레마를 해결하는 방법으로 미란은 '만기 100년짜리 국채'를 발행할 것을 제안했다. 100년 후에 갚을 테니 미국에 일단 돈을 빌려달라는 얘기다. 현재 미국이 발행하는 국채는 대부분 만기가 10년 이하다. 아무리 길어도 최장 30년이다. 100년 만기 채권은 사실상 영구

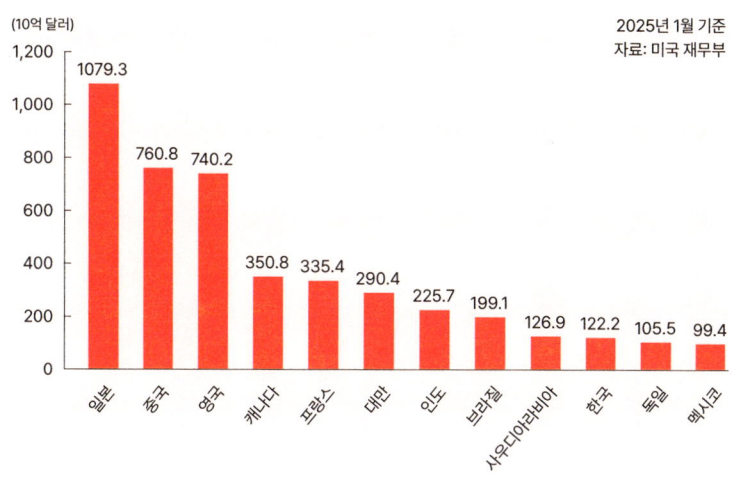

채나 다름없다. 미란 보고서는 영구채를 발행해 각국이 현재 보유하고 있는 미국 국채를 영구채로 바꿀 것을 제안한다.

일견 황당한 얘기지만 미국 입장에서는 계획이 실현된다면 여러 가지 목적을 달성할 수 있다. 미국 재무부에 따르면 세계 각국이 보유한 미국 국채는 2025년 1월 기준으로 8조 5,265억 달러다. 일본이 1조 793억 달러를 보유해 가장 많고 다음으로 중국(7,608억 달러), 영국(7,402억 달러), 캐나다(3,508억 달러), 프랑스(3,354억 달러) 순이다. 대만(2,904억 달러), 인도(2,257억 달러), 한국(1,222억 달러)도 보유량이 많은 나라에 속한다. 이들 나라들은 무역을 통해 달러를 벌어들이면 이 돈으로 미국 국채를 사 모은다. 미국은 채권을 발행해 돈을 빌린 다

음 이 돈으로 해당 국가의 물건을 사는 구조다.

　미국은 그동안 빚을 내서 자신들의 소비를 늘려왔는데 이제 갚지 못할 상황이 되니 영구채를 발행해 '빚잔치'를 하겠다는 발상이다. 트럼프는 여러 나라들을 대상으로 미국 국채를 영구채로 전환하는 '마러라고 협정Mar-a-Lago Accord' 체결을 구상하고 있다. '마러라고'라는 명칭은 트럼프 대통령의 플로리다 별장의 이름에서 따온 것인데, 이는 마치 과거 미국이 주도한 세계 교역 질서였던 '브레튼우즈 협정'이나 강제적인 환율 개입이었던 '플라자 합의'를 연상시킨다.

　계획이 실현되면 외국이 갖고 있는 미국 채권 물량을 영구채 형태로 전환함으로써 채권이 시장에 쏟아져 나와 가격이 떨어지고 시장에 나와 금리가 급등하는 것을 막을 수 있다. 금리 인상이 억제되면 미국은 저금리를 유지할 수 있다. 저금리가 유지되면 달러는 약세가 된다. 달러 약세가 유지되면 미국은 수출 경쟁력을 확보하게 되고 이로 인해 자동차, 철강 등 미국의 전통적인 제조업은 다시 부활하게 된다. 미국은 제조업 강국이 되고 금융·외환 시장에서는 저금리와 약달러가 유지되는 이상적인 상황을 만들 수 있다는 계산이다. 아울러 달러를 국제무역에서 사용하는 기축통화국으로서의 지위도 유지된다. 그야말로 이상적인 시나리오가 아닐 수 없다.

문제는 누가 미국의 100년 만기 채권을 사겠냐는 것이다. 금리도 낮고 시장에서 거래도 거의 되지 않을 초장기 채권을 떠안는다는 것에 대한 반발이 거셀 것이 뻔하다. 미국은 이를 따르지 않는 국가에게는 높은 관세율을 적용하고 그래도 안 되면 미국의 '안보우산'에서 배제한다고 협박할 생각이다. 한마디로 미국과 무역을 계속하고 미국으로부터 국가 안보를 보장받고 싶다면 미국의 초장기 채권을 인수하라는 얘기다. 미란 보고서는 이 같은 정책을 추진해보면 누가 미국의 진정한 우방인지, 가짜 우방인지, 아니면 우방의 탈을 쓴 적인지 드러나게 될 것이라는 얘기도 덧붙였다.

미국 정부가 영구채권을 떠넘기려는 국가들의 윤곽도 드러난다. 대미 무역 흑자가 많으면서 동시에 미국 채권을 많이 보유하고 있는 나라들인데, 중국, 일본, 캐나다, 대만, 인도, 한국, 독일, 멕시코 등이 여기 해당된다.

하지만 미국과 적대적 긴장관계를 유지하고 있는 중국은 현재 미국 채권을 계속 팔고 있어 미국의 영구채를 인수할 가능성이 거의 없다. 그렇다면 미국의 타깃은 미국의 '안보우산'이 필요하면서 관세 폭탄의 위협에 취약한 나라들이다. 일본, 캐나다, 대만, 한국, 멕시코 독일 등이 그 대상으로 유력하다. 이들 앞에는 관세 폭탄보다 파괴력이 더 강한 '영구채 폭탄'이 도사리고 있는 셈이다.

미란 보고서는 미국의 정치, 외교, 군사, 경제 전략을 모두 담고 있다. 처음엔 고율 관세를 매겨 긴장감을 조성하고 그 다음에 미국의 영구채를 떠안긴다는 경제 전략이 기본 틀이다. 이 과정에서 미국에 반발하는 국가는 미국의 안보 동맹에서 제외한다고 협박하는 내용도 담고 있다. 아울러 미국의 영구채를 떠안은 국가는 안보우산을 계속 씌워준다.

트럼프의 전략이 미란의 아이디어를 100% 따라하기는 어렵다. 이미 시장에 알려진 정책은 정책으로서 집행하기 힘들기 때문이다. 어찌 보면 이는 현재 미국이 처한 문제를 해결하기 위해서는 영구채를 떠넘기는 것 정도의 핵폭탄급 정책이 필요하다는 반증으로 해석되기도 한다.

투자금도, 이익도
모두 갖겠다는 발상

트럼프 정부에서 스티브 미란의 아이디어는 본질은 유지한 채 그 형태만 조금씩 바뀌어 갔다. 대표적인 예가 트럼프가 2025년에 진행한 무역협상이다.

미국은 2025년, 주요국들을 상대로 무역협상을 진행했다. 협상의 진행 과정은 이렇다. 미국은 2025년 4월 국제비상경제권한법IEEPA에 따른 국가비상사태를 선포하고 각국에 10~50%의 상호관세를 부과하겠다고 발표했다. 상호관세율의 결정방식은 해당 국가의 대미 수출 총액에 대한 대미 무역 흑자 비율을 기준으로 계산됐다. 예를 들어, 무역협회 통계에 따르면 2024년 한국의 대미 수출 총액은 1,315억 달러에 달한다. 무역수지는 658억 달러로 흑자를 기록했다. 이로부터 계산된 수출 대비 대미 무역 흑자 비율은 50%로 계산된다.

이것을 양국에 각각 책임이 있다는 차원에서 2로 나누면 25%가 나온다. 이런 방식으로 계산된 것이 트럼프 대통령이 각국에 적용한 상호관세율이다. 이 기준으로 중국은 34%, 일본은 24%, 대만 32%

등으로 계산됐다. 주먹구구식이란 비판이 쏟아졌지만 트럼프 입장에서 그런 비판은 그리 중요하지 않았다. 왜냐하면 그에게 상호관세는 단순한 압박용이기 때문이다.

트럼프는 상호관세 부과 이후 90일간의 유예기간을 거쳐 관세율을 최종 확정하겠다고 밝혔다. 이때부터 미국을 상대로 한 각국의 협상전이 벌어졌다. 협상은 철저하게 미국과 상대국 양자 간에 진행됐다. 협상의 규칙은 간단했다. 2025년 4월에 부과된 상호관세율을 낮추기 위해서는 미국 측이 만족할 만한 새로운 당근을 제공하는 것이다. 이 당근이 만족스러우면 상호관세율을 낮춰주고 불만족스러우면 관세율이 그대로 적용되는 것이다.

트럼프의 전략은 어느 정도 성공했다. 각국은 국가 역량을 총동원해 관세를 낮추기 위한 아이디어를 스스로 제공했다. 미국은 앉아서 아이디어를 평가하기만 하면 됐다. 이 과정에서 트럼프의 압박은 계속 이어졌다. 일본의 경우 협상을 불성실하게 진행한다며 중간에 상호관세율을 24%에서 25%로 올리기도 했다. 각국은 미국이라는 큰 시장을 포기할 수 없었고 또 미국에 안보를 의지하고 있다는 현실적인 이유도 있었다. 이런 정치, 경제, 외교, 안보 등의 논리를 모두 감안해 미국에 줄 수 있는 당근을 고민했다.

2025년 7월 중순부터 협상 결과가 속속 나왔다. 일본은 상호관세율을 15%로 낮추기 위해 총 5,500억 달러를 미국에 투자하기로 했다. 또 일본의 쌀, 자동차, 트럭과 일부 농산물 시장을 개방하기로 했다. 아울러 미국이 진행하는 알래스카 LNG 개발 사업에 합작 투자하기로 했다.

유럽은 7,500억 달러어치의 미국 에너지를 수입하기로 했고 6,000억 달러를 미국에 투자하기로 약속했다. 아울러 미국의 군사 장비도 대규모로 수입하기로 했다. 미국은 그 대가로 관세율을 15%로 낮춰주기로 했다.

한국은 3,500억 달러를 미국에 투자하기로 했다. 이 중 1,500억 달러는 미국 조선산업을 육성하는 데 투자한다. 한국의 기술과 인력 지원도 포함한다. 아울러 1,000억 달러어치의 미국 에너지를 구입하기로 했다. 다만 외환시장의 안정을 위해 현금투자의 상한선은 매년 200억 달러로 정했다. 상호관세율은 일본, EU와 같은 수준인 15%로 정해졌다.

이밖에 베트남, 인도네시아 등 아시아권 국가들도 모두 미국에 투자와 시장 개방을 약속하고 관세율을 19~20% 수준으로 낮췄다.

트럼프가 각국과 협상하면서 보여준 전략은 묘하게 미란 보고서의 아이디어와 닮아 있다.

먼저 미란 보고서는 '관세는 매우 유용한 협상의 수단'이라고 했다. 관세가 목표가 아닌 수단이라는 점을 명확히 한 것이다. 실제 트럼프는 관세를 협상의 수단으로 적극 활용했다. 일단 고율의 관세를 질러놓고 관세를 낮출 아이디어를 가지고 오라고 통보한 것이 대표적인 예다.

그렇기 때문에 트럼프가 각국에 통보한 관세율은 주먹구구식으로 작성됐다. 정교한 분석이 아니라는 비판이 제기됐지만 트럼프는 아랑곳하지 않았다. 어차피 관세가 목적이 아니기 때문이다.

100년 만기 영구채 아이디어도 곳곳에 보인다.

트럼프는 유럽, 일본, 한국으로부터만 1조 5,000억 달러에 달하는 투자를 유치했다. 일반적인 투자는 투자의 이익을 투자자가 가져간다. 예를 들어, 미국의 포드 자동차가 한국에 공장을 짓고 자동차를 만들어 이를 판매한 후 발생한 수익은 포드 자동차가 마음대로 처분할 수 있다. 한국은 미국 자동차회사의 투자로 고용이 창출되고 소득이 늘어나는 효과가 있어 외국자본 투자에 적극적으로 나선다.

그런데 이번 미국 투자는 투자 원금을 회수할 때까지는 미국과 투자국이 50%씩 이익을 나누지만 원금을 회수한 이후 발생한 이익에 대해서는 90%를 미국이 갖는다는 조건이 붙었다. 다른 나라 투자를 통해 발생한 이익을 미국이 독점하는 것은 상식적이지 않다.

예를 들어, 한 개인에게 주식투자를 1억 원 하고 주식투자로 인해 손실이 발행하면 당사자가 떠안고 이익이 발생하면 이익금을 회사가 마음대로 처분할 수 있도록 한다면 누가 이런 주식에 투자할지 의문인 것과 마찬가지다.

미국에 투자를 하고 투자로부터 발생한 이익을 미국이 뜻대로 처분하도록 한다면 이는 사실상 미국이 발행한 영구채를 사주는 것과 비슷한 효과다.

협상 과정에서 미국의 우월적 지위와 안보·군사적 이점을 최대한 활용해야 한다는 미란의 주장도 현실화됐다. 한국과 일본, EU 등 미국의 동맹국들은 미국과의 관계에서 경제보다 더 중요한 것이 안보다. 미군이 주둔하고 지역 방위의 상당 부분을 미국이 책임을 져주는 국가들이다. 이런 이유 때문에 미국과의 관계가 틀어지면 경제는 물론이거니와 외교 안보에서도 치명적인 타격을 입는다. 트럼프 정부는 이런 상황을 적극적으로 활용해 대미 투자 금액을 크게 늘렸다. 각국은 '울며 겨자 먹기'식으로 미국의 요구를 들어줄 수밖에 없었다. 이런 아이디어도 미란 보고서에 기반한 것으로 보인다.

한국, 유럽, 일본은 미국과의 협상에서 일방적으로 퍼주는 딜을 진행했다. 역설적인 점은 이런 일방적인 협상을 진행했음에도 불구하고 여전히 주도권은 미국에 있다는 점이다. 미국은 협상 후에도 15%라는 막대한 규모의 상호관세를 부과한다. 이 관세를 무기로 각국을 옥죌 수 있는 수단은 계속 확보하고 있다. 협상 이행 과정에서 미국의 마음에 들지 않는다면 또 어떤 보복 조치가 나올지 모르는 상황이다. 이런 이유 때문에 미국을 제외한 많은 나라들에 닥친 경제적 불확실성은 사라지지 않고 있다.

트럼프 논리의
취약성

 트럼프 상호주의의 기반은 '미국 무역 적자 = 미국 손실'이라는 공식이다. 이 때문에 미국으로부터 무역 흑자를 보는 국가들에 관세를 높여 미국을 약탈하는 것을 막아야 한다는 것이다. 관세를 낮추려면 미국으로 생산기지를 옮기든지 미국에서 이익을 보는 것 이상으로 미국에 투자하라는 것이다.

 그렇다면 미국은 국제무역에서 실제로 손해를 본 것일까? 실상은 트럼프의 주장과 많이 다르다. 미국이 무역수지 적자를 보기 시작한 해는 1975년부터다. 이전에 미국은 무역수지 흑자 국가였다. 이 시기는 미국이 닉슨 독트린을 발표해 달러의 금태환 정지를 선언한 직후다. 이후 미국은 만성적인 무역 적자국이 됐지만, 동시에 이 시기부터 달러를 본격적으로 발행해 전 세계로 유통시켰다. 즉, 이때부터 미국의 가장 중요한 수출품은 달러가 됐다.

 미국 조폐국에 따르면 1달러짜리 지폐를 만드는 데 들어가는 비용은 약 8.6센트 정도다. 1달러짜리 지폐를 만들어 시중에 유통시키면 미국 정부는 91.4센트만큼 이익을 본다는 계산이다. 100달러짜리 지폐를 만드는 데 들어가는 비용은 약 17센트다. 이때는 비용의 580배에 달하는 수입을 얻을 수 있다. 미국이 달러를 찍어내 유통시키고 다른 나라들이 액면가로 달러의 가치를 인정해준다면 미국은 달러 수출만으로 막대한 규모의 이익을 올릴 수 있다는 얘기다.

그러나 달러를 찍어내는 데 소요되는 비용은 단순히 제작 원가만으로 계산할 수는 없다. 더 큰 비용은 인플레이션, 즉 달러 가치 하락이다. 달러를 많이 찍어내면 달러값은 떨어진다. 이는 달러로 환산한 물건값이 오른다는 의미다. 달러 가치는 미국 달러와 유럽, 일본, 영국, 캐나다, 스웨덴, 스위스 등 6개 국가의 통화가치를 가중평균한 값과의 비교를 통해 표시한다. 1973년을 100으로 했을 때 이와 비교

미국 달러 인덱스 추이

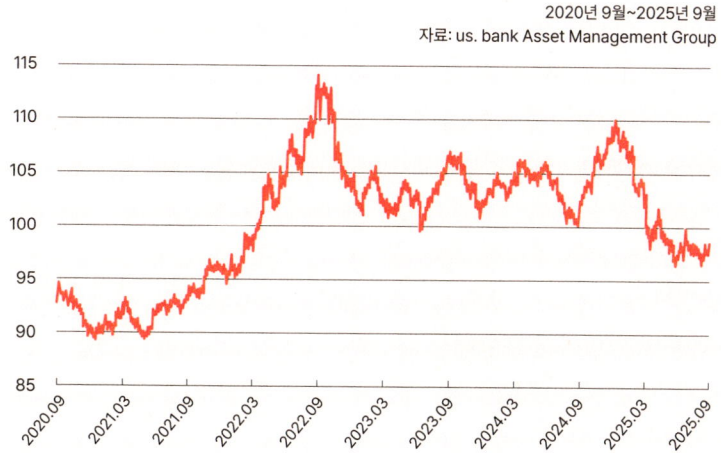

해서 얼마나 오르내렸는지를 나타내는 것이 달러 인덱스다. 달러 인덱스로 표시한 달러값은 지금까지 100을 중심으로 움직이고 있다. 2025년 들어 8% 하락하며 100 이하로 떨어지는 모습을 보이긴 했으나 100을 크게 벗어나지는 않고 있다. 반면 전 세계에 유통되는 달러의 양은 크게 늘었다. 이는 미국 연준의 자산 상태를 파악해보면 알 수 있다.

연준은 시장에 유통되고 있는 각종 채권을 사들이면서 달러를 공급하고 연준이 보유한 채권을 팔아 달러를 거둬들이는 정책을 펴고 있다. 연준의 자산이 얼마나 늘었는지를 살펴보면 시장에 풀린 달러 양이 간접적으로 계산된다. 미국 연방준비제도에 따르면 연준의 자산은 1970년대 초반까지만 해도 1,000억 달러 정도였다. 이 자산은 2025년 10월에는 6조 5,871억 달러로 60배 이상 늘었다. 이는 연준으로부터 풀려나간 달러의 양이 그만큼 늘었다는 얘기다.

이 돈이 미국 내에서 돌아다녔다면 미국은 엄청난 인플레이션에 시달렸을 것이 뻔하다. 하지만 세계 각국이 외환 보유고 형태로 달러를 쌓아놓은 덕에 달러 수요가 계속 늘어나면서 달러값은 거의 떨어지지 않았다. 미국이 인플레이션을 수출한다는 얘기가 나오는 이유다.

따라서 트럼프가 상호주의를 주장하기 위해서는 미국의 가장 큰 수출품인 달러까지 포함해서 계산하는 것이 타당하다.

무역수지 적자의 이면

경제 논리로 봐도 미국의 무역 적자가 다른 나라가 미국을 약탈한 결과라고 얘기할 수는 없다. 미국 무역수지가 적자인 것은 미국 국민들이 자국에서 생산한 것보다 더 많은 물건을 소비했기 때문이다. 개인에 비교하면 월급이 100만 원인 사람이 200만 원어치를 소비하는 것과 비슷하다. 자신이 버는 것보다 더 많은 것을 누리면서 살 수 있다면 누구라도 그렇게 할 것이다. 하지만 미국을 제외한 그 어느 나라도 이런 방식의 소비를 누리기란 불가능하다. 무역 적자와 재정 적자가 지속되면 국가의 빚이 늘어나 감당할 수 없기 때문이다. 한국이 1997년 IMF 외환위기를 맞은 것도 1996년 무역수지 적자폭이 계속 늘어나면서 경제가 불안정했기 때문이다.

하지만 미국은 무역수지 적자국이면서도 국채를 발행해서 적자를 메꾸는 방식으로 50년 이상 세계 경제를 좌지우지해왔다. 이 과정에서 자신들의 실제 소득 이상으로 훨씬 더 많은 것을 소비했던 것이다. **상호주의 관점에서 본다면 미국이 얻은 이익이 미국과의 교역으로 흑자를 본 나라들이 얻은 이익보다 훨씬 크다.**

이런 국제관계를 외면하고 무역수지 하나만 떼어내서 다른 나라들이 미국을 이용하고 바가지를 씌웠다는 등의 주장을 하는 것은 논리적으로도, 현실적으로도 타당하지 않다. 그럼에도 트럼프는 정치, 경제 등 모든 면에서 미국의 이익을 최우선적으로 고려하는 미국 우선주의를 강력하게 밀고 나간다.

트럼프가 관세를 무기로 보호무역을 역설하는 것은 미국 전체를 위한 논리가 아닌 미국 내에서 특정 계층을 겨냥한 포퓰리즘에 가깝다. 트럼프의 주장대로 보호무역이 채택된다면 자동차, 철강 등 특정 제조업 분야의 일자리는 늘어날 수 있다. 하지만 자유무역이 쇠퇴한다면 미국의 농업과 서비스 분야 등에서는 일자리가 줄어들고 소득이 감소하게 될 것이다.

트럼프는 보호무역으로 일자리가 늘어날 것이라고 현혹하지만 보호무역에 따라 피해를 입는 계층에 대해서는 입을 다물고 있다. 트럼프의 주장이 미국 우선주의라기보다는 미국 내 특정계층의 이익만 대변하는 논리라는 비판이 일고 있는 것도 비슷한 이유에서다.

트럼프가
넘어야 할 산

트럼프가 다른 나라를 상대로 무소불위의 권한을 휘두르고 있지만 그도 넘어야 할 산이 있다. 아이러니하게도 트럼프식 '관세 폭탄'을 제어할 수 있는 유일한 창구는 다른 나라가 아닌 미국 법원이다. 미국은 삼권 분립이 확실한 나라다. 트럼프는 2024년 11월 선거를 통해 미국 대통령에 당선되면서 행정부를 장악했다. 또 트럼프가 속한 공화당은 미국 의회의 상하원에서 모두 다수당을 차지하고 있다. 트럼프는 행정 권력뿐만 아니라 입법 권력도 장악했다.

반면 삼권 분립의 한 축인 사법부는 조금 입장이 다르다. 사법부가 트럼프의 '독주'에 제동을 걸 경우 그가 전가의 보도로 휘두르고 있는 관세 폭탄의 강도가 약해질 수 있다. 미국 사법부는 트럼프를 견제할 수 있을까? 아니면 '희망 고문'에 그칠까?

트럼프가 상호관세를 부과한 근거는 무역확장법 제232조와 국제비상경제권한법IEEPA, 두 가지다. 무역확장법 제232조는 '특정 수입품이 국가 안보에 위협이 된다고 판단될 때 관세와 수입 제한 조치를 취할 수 있도록' 명시하고 있다. 트럼프 정부가 알루미늄과 철강에 대해 50%의 품목 관세를 부과하는 근거가 바로 이것이다. IEEPA는 '외교정책, 국가 안보 및 긴급경제 상황에서 대통령에게 경제 제재와 통제 권한을 부여'하도록 명시하고 있다. 이는 트럼프가 각국에 상호관세를 부과하는 근거로 활용된다.

현재 법원에서 문제가 되고 있는 것은 IEEPA다. 무역확장법 제232조는 WTO 조항에서 명시한 '국가 안보에 위협'이 되는 규정과 충돌 여지가 있다. 하지만 트럼프는 이미 WTO의 결정을 따르지 않을 것임을 천명했기 때문에 WTO는 사실상 유명무실해졌다. 반면 IEEPA는 미국 국내법이고 그 적용 여부는 미국 법원의 결정에 달려 있기 때문에 트럼프 입장에서는 따르지 않을 수 없는 상황이다.

미국 연방국제통상법원USCIT은 2025년 5월 28일 트럼프 대통령이 IEEPA를 근거로 각국에 대해 시행한 상호관세는 법에 위반된다며 철회를 명령했다. 트럼프 행정부는 이에 불복해 항소했다. 아울러 USCIT 판결의 효력정지를 신청했고 법원은 이를 받아들였다. 이로써 항소심의 결정이 나올 때까지 트럼프 행정부는 관세를 부과할 수 있었다. 하지만 2025년 8월, 미국 항소법원도 "트럼프의 관세는 법에 위반된다"는 1심 판결을 확인했다. 트럼프 행정부는 2심에도 불복해 대법원에 상고했다. 통상 무역 관련 소송의 경우 대법원 판결까지 6개월~1년가량 소요되는 점을 감안하면 빠르면 2025년 내, 늦어도 2026년 상반기까지는 최종 판결이 나올 것으로 보인다.

쟁점은 두 가지다. 먼저 현재의 미국 상황이 '국가 안보에 위협'이

되는 상황인가 하는 점이다. 미국은 현재 전쟁의 위협이 있는 상태는 아니다. 다른 나라와 분쟁 중인 상황도 아니다. 경제는 불투명하지만 아직까지 탄탄한 성장세를 유지하고 있다. 이런 나라가 국가 안보에 위협이 되는 상황이라는 것은 누가 봐도 상식적이지 않다.

다음은 IEEPA가 관세를 국가 안보에 대한 위협을 타개하기 위한 수단으로 명시하지 않았다는 점이다. 외국과의 무역, 금융거래, 자산 이동을 대통령이 취할 수 있는 수단으로 제시하고 있긴 하지만, '관세'라는 말은 등장하지 않는다.

트럼프는 대통령의 경제 제재에 관세가 포함된다는 입장이지만 1심과 2심 법원은 외국에 대한 관세 부과는 의회의 권한임을 들어 트럼프가 대통령의 권한을 남용하고 있다고 판결했다. 과거 미국이 이란이나 북한, 중국, 러시아 등에 대한 경제 제재를 할 때도 IEEPA 법안을 근거로 들었지만 관세를 수단으로 활용하지는 않았다.

지금까지 법원의 판단은 상식적이다. 하지만 트럼프 대통령은 이에 반발하고 있다. 그는 "법원이 우리의 관세에 반대하는 판결을 내린다면 미국 경제는 대공황을 맞을 것"이라며 법원을 압박했다. 실제 법원이 트럼프의 상호관세가 위법이라고 판단할 경우 미국은 그동안 부과했던 관세를 다시 돌려줘야 하는 상황이다.

코스트코와 오메가, 미국 법원의 판결은?

미국의 과거 사례를 보면 "팔은 안으로 굽는다"는 말처럼 미국 법원은 미국의 이익에 손을 들어줬다. 미국 법원은 행정부나 의회와 대립하기도 하지만 미국이라는 전체 이익이 걸렸을 때는 미국의 손을 들어준 사례가 종종 있다. 대표적으로 미국의 대형 유통업체인 코스트코와 스위스의 유명 시계제조사인 오메가의 법정 싸움을 들 수 있다.

2000년대 코스트코는 오메가 정품 시계를 비공식 유통망인 그레이마켓에서 싼값에 사들여 미국 매장에서 팔았다. 오메가는 자신들의 시계가 정가보다 할인된 가격에 판매되는 것을 확인하고 코스트코를 상대로 저작권 침해 소송을 제기했다. 자신들의 허락 없이 미국이 오메가 시계를 싼값에 판 것은 저작권 위반이라는 것이다. 오메가는 시계 뒷면에 있는 오메가 로고에 대해 미국에 저작권을 등록해 놓은 상태였다.

이에 대해 미국 지방법원은 해외에서 한번 판매된 제품을 미국 내에서 재판매하는 것에 대해서는 저작권법 위반이 아니라는 논리로 코스트코의 손을 들어줬다. 여기에 활용된 공정무역 원칙이 지적재산권의 '최초판매원칙'이다. 이 원칙은 지적재산권의 권리자가 한번 합법적으로 물건을 판 이후 물건의 소유자가 다시 판매하거나 대여할 때 지적재산권 소유자의 통제를 받지 않는다는 원칙이다. 오메가 시계가 한번 판매된 것을 코스트코가 다시 사들여왔기 때문에 지적재산권 침해가 아니라는 주장이다.

오메가는 이에 불복해 항소를 제기했다. 항소법원은 미국 외에서 판매된 것은 최초판매원칙에도 불구하고 저작권 보호를 받아야 한다며 1심 판결을 뒤집었다.

이번에는 코스트코의 항소로 대법원 판결을 받게 됐다. 9명으로 구성된 대법원은 이 판결에 대해 4:4 의견을 냈고 나머지 대법관 한 명은 의견을 내지 않았다. 결국 코스트코의 항소는 기각됐고 대법원 판결에서 오메가가 승소하는 결과로 이어졌다.

하지만 3년 뒤인 2013년 미국 연방 대법원은 '해외에서 합법적으로 제조 판매된 정품에도 최초판매원칙이 적용된다'고 판결해 코스트코가 물건을 할인 판매한 것이 법에 저촉되지 않는다고 최종 판결했다. 결국 코스트코의 오메가 시계 판매는 미국 내에서 법적인 승인을 받은 셈이다. 이로 인해 최후의 승자는 코스트코가 됐다.

이 문제를 놓고 미국 법원이 보여준 모습은 미국의 이익과 국제 무역의 공정성이 충돌하는 부분에서 미국의 이익을 들어주는 판결을 했다는 평가를 받고 있다. 논리적으로는 오메가 시계를 오메가의 허락 없이 코스트코가 할인 판매하는 것은 문제가 있는 것으로 보이지만 미국 법원은 치밀한 논리싸움을 거쳐 종국에는 코스트코의 손을 들어준 것이다.

트럼프의 상호관세와 IEEPA와의 공방이 어떻게 진행될지 주목되는 시점에서 앞서 코스트코 사례에서 보듯이 미국 법원도 팔은 안으로 굽는다는 평범한 상식을 벗어날 수 있을지가 관건이다.

법적 논리로 보면 상호관세 금지를 명한 1, 2심 법원의 판결이 그럴듯해 보인다. 하지만 미국의 이해로 들어가면 상황은 복잡해진다. 외국에 관세를 대거 부과해 미국의 재정 적자 문제를 해결하고 미국 제조업 부활의 기반을 쌓는다는 트럼프의 주장이 미국의 이익에 도움이 된다는 생각도 광범위하게 퍼져 있다. 법 논리와 현실적인 미국의 이익 사이에서 법원이 고민하는 부분이다. 법원이 트럼프 정부의 위법성 여부에 대한 판단을 내린다고 해도 트럼프는 품목별 관세 등을 통해 세계 각국에 부과한 관세를 유지하는 방법을 찾을 것이다. 혼란은 있겠지만 각국이 미국 관세로부터 입는 피해는 계속 이어질 가능성이 높다.

또다른 변수는 시간이다. 트럼프 정부가 부과한 각종 관세와 관련해서 트럼프 임기 이후까지 법적 공방이 계속될 수도 있다. 미국 경제와 관련해 섣부른 예단을 하기엔 너무 긴 시간이다. 불확실한 글로벌 경제가 상당 기간 지속될 수 있음을 시사하는 대목이다.

'트럼프 라운드'의 결말은

트럼프 상호주의의 문제점은 각종 데이터를 통해서도 드러난다.

WTO에 따르면 국제 상품분류체계HS 코드 기준으로 전 세계를 상대로 한 철강 업종 평균관세율은 미국 0.3%, 한국 0.25%로 한국이 더 낮은 관세를 부과하고 있다. 멕시코는 7.8%, 캐나다 0%, 중국 4.5% 등이다. 특히 한국과 미국은 자유무역협정FTA 체결에 따라 상대국에 대해 관세를 물리지 않고 있다. FTA는 WTO 조약에 우선하므로 한미 간에는 사실상 자유무역을 하고 있다고 볼 수 있다.

미국은 트럼프 대통령의 행정명령을 통해 2025년 8월 기준으로 철강제품에 50%의 관세를 부과하고 있다. 이 경우 미국의 관세율은 WTO 기준으로 한국보다 무려 49%p 이상 높다. 같은 기준으로 알루미늄과 이를 활용한 제품의 WTO 관세율은 미국 3.6%, 한국이 7.3%, 멕시코 4.1%, 캐나다 1.5%, 중국 6.8% 등이다. 트럼프 대통령은 2025년 WTO 기준을 무시하고 알루미늄 관세도 50%로 올려 한국보다 8배가량 높은 관세율을 적용했다.

미국은 자동차, 반도체, 의약품의 경우에도 관세율을 높였다. 반도체를 포함한 전기·전자장비 업종의 관세율은 WTO 기준으로 미국이 1.4%, 한국이 4.1% 수준으로 차이가 2.7%p에 불과하다. 자동차를 포함한 운수업종의 관세율은 미국이 3.1%, 한국이 8.2%로 한국이 5%p 정도 높다. 자동차와 반도체에도 25%에서 최대 100%까지 관세를 부과한다면 한국과 미국 간의 관세율 차이는 큰 폭으로 역전된다. 캐나다, 멕시코 등도 사정은 비슷하다.

트럼프는 관세를 언급하면서 "상호주의 관세를 통해 우리는 동등한 무역을 원한다"라고 수차례 언급했다. 하지만 미국의 관세 정책은 미국과 다른 나라 간에 심각하게 '기울어진 운동장'을 만들고 있다. 트럼프의 관세 폭탄은 어느 나라도 피해 가기 어렵게 됐다. 이 과정에서 미국과 다른 나라 간 경제 불균형도 한층 심해질 전망이다. 트럼프가 고관세를 부과하면 미국의 수입량은 줄어든다. 수입량이 줄어들면 미국 국내 생산량이 늘어나게 되고 이는 미국의 GDP를 더 늘리는 요인으로 작용한다.

IMF 전망에 따르면 미국의 2025년 성장률은 2.2%, 소비자물가상승률은 1.8%로 예상된다. 트럼프의 관세 효과가 가세해 미국의 수입이 줄고 다른 나라들이 수출 대신 미국 현지 생산을 늘린다면 미국의 GDP 상승률은 더 높아질 것으로 예상된다. 아울러 관세율 인상은 미국 물가 상승률을 높이는 효과가 있다. 이 같은 고성장·고물가 추세는 미국의 금리를 올리고 달러를 강세로 이끈다.

반면 미국에 수출을 하는 한국, 중국, 일본, 멕시코, 캐나다 등 다른 나라에서는 정반대의 상황이 연출된다. 미국 수출이 줄어들 뿐만 아니라 국내에 투자하려고 했던 대기업들은 국내 투자를 줄이는 대신 미국 현지 생산을 위한 투자를 늘린다. 이는 국내 성장률 감소로 이어진다. 아울러 미국의 고금리와 달러 강세로 자국 통화가 약세를 보인다면 이는 국내 물가 상승 압력으로 작용한다. 경기 위축으로 인한 물가 하락과 함께 통화가치 하락으로 인한 물가 상승 효과가 맞물리면서 정도의 차이에 따라 물가의 흐름이 좌우된다.

일부 국가는 경기 위축 속에 물가가 오르는 스태그플레이션이 발생할 수도 있다. 이런 경기 위축을 막기 위해 영국, 멕시코, 인도, 인도네시아 등은 금리를 내려 대응에 나섰다. 이 경우 국가 간 경제전쟁이 금리전쟁과 통화전쟁으로까지 확대된다.

트럼프의 관세 폭탄은 당분간 미국 경제에는 '호황과 인플레이션'을 가져오는 반면 다른 나라는 불황의 늪에 빠뜨릴 가능성이 높다. 그렇다고 미국이 언제까지나 호황을 누릴 수는 없다. 관세로 인한 성장은 일종의 거품이다. 거품은 결국 터진다. 미국 경제의 거품이 터진다면 그때는 미국은 물론 전 세계에 큰 충격을 가져올 것이 불가피하다. 트럼프의 상호주의가 위험한 도박인 이유다.

미국이
두려워하는 것들

트럼프가 관세를 전가의 보도처럼 휘두르며 전 세계를 공포에 몰아넣고 있지만 그가 두려워하는 것도 있다.

첫째, 다른 나라들이 뭉치는 것이다. 미국의 파워는 과거처럼 세지 않다. 미국의 GDP가 전 세계 GDP에서 차지하는 비중은 1960년대 40%에 달했다. 전 세계 물건 10개 중 4개를 미국이 생산했다는 얘기다. 이때 미국의 영향력은 막강했다. 1971년 닉슨 대통령은 전 세계를 상대로 금태환 정지를 선언했으나 당시 유럽과 일본, 소련 등 어느 나라도 여기에 직접적으로 반기를 들지 못했다.

1960년대를 정점으로 미국이 전 세계에서 차지하는 GDP 비중은 하락세를 보였다. 그래도 상당기간 고공행진을 지속해, 1985년 레이건 대통령이 플라자 합의를 통해 일본 엔화와 독일 마르크화를 강제적으로 평가절상시켰을 때 미국의 세계 GDP 비중은 34% 정도였다. 닉슨 때보다는 낮지만 여전히 높은 수준이다. 이때도 미국은 다른 나라의 움직임에는 아랑곳하지 않고 자신들의 계획을 밀어붙이고 관철시켰다.

2023년 기준으로 미국의 세계 GDP 비중은 26%로 떨어졌다. 미국이 세계경제에서 차지하는 비중이 점차 떨어지면서 미국의 영향력도 약해지고 있다. **반면 중국의 세계 GDP 비중은 1980년 1.6%에서 2023년에는 17%로 10배 이상 늘었다.** 미국의 쇠퇴와 중국의 부상으로 미국이 이제 전 세계를 상대로 일방적으로 미국의 요구를 관철시키기에는 힘이 부친다. 특히 다른 나라들이 똘똘 뭉쳐 미국에 대항할 경우 미국이 감당하기 어려운 상황이 닥칠 수도 있다.

이 때문에 미국은 다자간 논의를 기피한다. WTO처럼 전 세계가 모여서 의사결정을 할 때는 미국의 일방주의가 통용될 가능성이 높지 않기 때문이다. 북미자유무역협정NAFTA 같은 지역주의도 배격한다. 지역에서도 각국이 미국에 대항하면 미국의 의도를 관철시키기 부담스럽기 때문이다. 세계를 쪼개고 분절화시켜 힘을 뺀 후 미국과의 양자 협의를 통해 미국의 의사를 관철시키는 전략을 편다. 다른 나라들이 뭉치고 단결하는 것을 최대한 막아야 하는 처지다. 미국이 정치 군사력까지 동원해 다른 나라들이 뭉치는 것을 막는 것도 이런 이유다.

다음으로 미국이 두려워하는 것은 시장이다. 시장에는 국가는 물론 수많은 사람들의 심리와 행동들이 복잡하게 얽혀 있다. 이들 시장은 나름대로 자유로운 경제 주체들의 의사결정에 입각해 움직인다. 여기에는 국경이 없다. 미국인이라고 해서 애국심이 시장의 논리를 지배하지는 못한다.

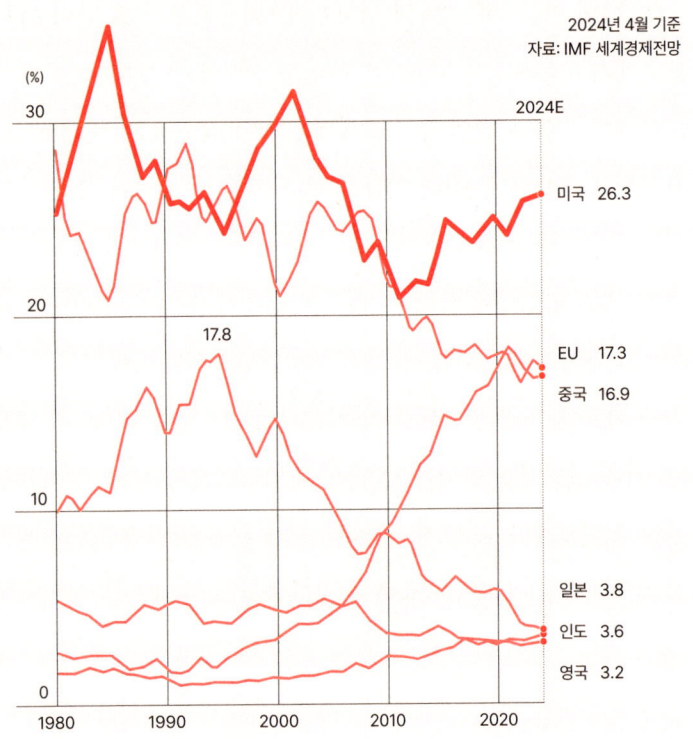

전 세계 GDP에서 차지하는 미국과 EU의 비중은 점차 줄어드는 반면, 중국의 비중은 늘어나고 있다. 이에 따라 미국의 영향력도 예전같지 않다.

그런데 미국이 다른 나라들을 윽박지르면서 내놓는 정책들은 모두 반시장적이거나 시장을 왜곡하는 내용들이다. 트럼프의 일방적인 관세 부과는 시장의 가격 기능을 왜곡시킨다. 미국 연준에 금리를 내리라고 압박하는 것도 역시 금융시장의 가격 기능을 제대로 작동하지 못하게 만드는 일이다.

시장이 트럼프의 뜻대로 움직이지 않는다는 것은 여러 차례 증명됐다. 예를 들어, 2024년 11월 트럼프 대통령이 취임한 이후 미국의 10년만기 국채금리는 계속 올라 상승폭이 1%p가 넘었다. 트럼프가 기준금리를 내리도록 연준을 압박해 단기금리는 오르지 않았지만 장기금리가 가파르게 오르는 것은 트럼프가 향후 내놓을 정책들로 인해 금리 인상 압력이 커질 것임을 시장이 미리 반영한 결과다.

미국의 장기금리 오름세가 지속되면 국채금리에도 반영돼 매년 부담해야 할 이자 액수가 천문학적으로 커지고, 이는 재정 적자를 더 키우는 꼴이 된다. 37조 달러가 넘는 국가 부채에 고금리까지 더해지면, 국가 재정은 점점 더 부담스러워진다. 트럼프가 아무리 강해도 시장을 이기지 못할 것이라는 전망이 나오는 이유다.

미국 입장에서는 관세보다는 환율, 환율보다는 금리가 더 중요한 변수다. 미국의 이해관계에 직접적으로 영향을 미치는 것이 금리이기 때문이다. 국가 부채의 늪에 빠진 미국 입장에서는 낮은 금리를 안정적으로, 장기간 유지하는 것이 시급한 과제다.

하지만 시장은 이를 정확히 꿰뚫고 있다. 이 때문에 트럼프와 시장 간에는 긴장감이 감돌 수밖에 없다. 트럼프 정부 입장에서는 자신들의 입장을 관철시키되 시장을 안정시켜야 하는 이중적인 책무가 있는 셈이다.

미국이 안고 있는 모순들

모든 방패를 뚫는 창과 모든 창을 막는 방패는 동시에 존재할 수 없다. 이런 모순은 경제에도 있다. 어느 한 쪽이 항상 이익만 보는 사람이나 국가는 없다. 어떤 결정을 하더라도 그에 수반되는 비용이 있기 마련이다.

미국 경제에도 몇 가지 모순이 있다. 미국 월마트에 가보면 파는 물건 중 태반이 중국산이다. 서민층 소비자 대부분이 월마트에서 중국산을 사서 소비하고 있다. 예를 들어, 중국산 물건에 대해 25%의 관세를 부과한다면 단순 계산으로 물건값이 25%가 오른다.

미국은 중국산 수입품에 관세를 매겨 소비자들이 중국산 대신 미국산을 사도록 하겠다는 심산이다. 하지만 월마트에 있는 물건 중 실제로 미국이 만들어낼 수 있는 것이 얼마나 될지는 의문이다. IMF가 추정한 2025년 미국의 1인당 국민소득은 8만 9,000달러다. 중국은 1만 3,700달러로 미국의 15%에 불과하다. 근로자 임금도 미국이 연 7만 1,000달러, 중국이 1만 달러 안팎이다.

임금은 기업 입장에서는 비용이다. 미국의 인건비가 중국보다 7배가량 높은 현실에서 제조업 경쟁력이 살아나기는 어렵다. 중국산에 대규모 관세를 부과한다고 해서 미국 제조업이 중국을 대체할 가능성은 높지 않다. 다만 미국 국민들만 높은 물가에 따른 생활고에 시달릴 뿐이다.

관세 수입으로 재정 적자를 메꾼다는 것도 사실상 불가능한 얘기다. 관세가 차지하는 비중은 트럼프가 관세율을 대폭 올리기 전 기준으로 채 2%가 안된다. 트럼프 정부 들어 관세율이 평균적으로 10배 넘게 오른다고 해도 이를 통해 재정 적자 문제를 해결하기는 어렵다.

특히, 소득세와 법인세 등 세수의 대부분을 차지하는 세목의 세율

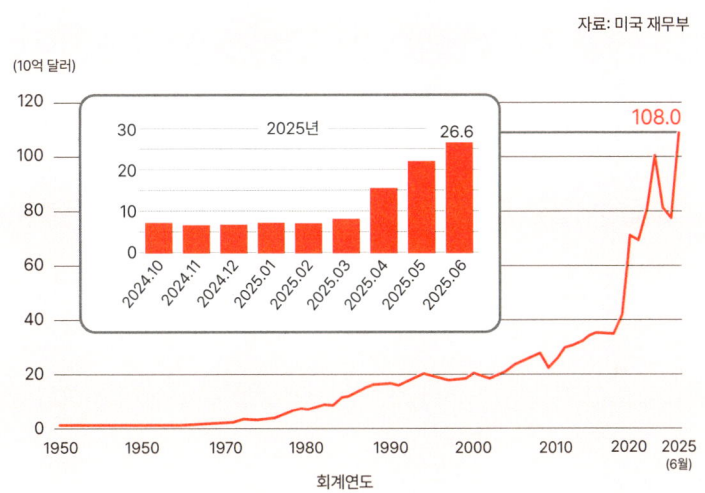

미국 관세 수입 증가 추이

은 낮추면서 관세를 올려 세수를 충당하는 것은 밑 빠진 독에 물 붓기 같은 정책이다.

경제 구조적인 문제도 안고 있다. 미국이 높은 관세를 부과하면 미국 소비자물가가 오른다. 물가가 오르면 금리를 올려 물가를 잡아야 한다. 금리를 올리면 미국의 국채값은 떨어지고 미국 정부의 채무 부담은 더 늘어난다. 재정 적자를 줄일 목적으로 관세를 올렸다가 오히려 나라빚이 더 늘어날 수 있는 상황이다.

관세는 중장기적으로 미국의 산업경쟁력도 떨어뜨린다. 관세로 인해 외국 기업과의 경쟁에서 벗어난 미국 기업들은 기술 혁신이나 가격 경쟁력을 강화하기 위한 노력을 할 필요가 없어진다. 정부가 관세를 부과하면 가만히 앉아 있어도 가격 경쟁력이 높아지기 때문이다. 이런 풍토가 만연해지면 미국 기업들은 자신들의 경쟁력이 떨어지더라도 이를 높일 생각을 하기보다는 정부가 관세를 높여 시장을 보호해주기를 요구하게 된다. 그리고 이런 요구에 정치인들은 취약하다. 정치인들이 선거 때마다 앞다퉈 그들의 요구를 들어준다면 미국 경제는 계속 낙후될 수밖에 없다.

경제의 역사를 돌아보면 관세는 주로 후발 국가의 수단이었다. 선진국들은 주로 관세를 낮추려고 했고 후발 주자인 개발도상국들은 어떻게든 관세를 높이려고 했다. 21세기 세계에서 가장 잘나가는 국가인 미국이 관세를 무기로 다른 나라를 옥죄는 것은 어떤 시각에서 봐도 아이러니컬한 상황이다.

5장

TRUMPISM AND
TARIFF WAR

중국의 대응

중국의 WTO 가입과
경제발전

중국 경제의 비약적인 발전은 두 가지에 기인한다. 하나는 1980년대 시장경제로의 전환이고 두 번째는 중국의 WTO 가입이다. 시장경제로의 전환을 통해 내부적인 발전 기반을 다졌고 개혁·개방과 함께 진행된 WTO 가입을 계기로 대외적인 토대를 만들었다.

중국이 시장경제로 전환하자 미국을 비롯한 서방 국가들은 중국의 거대 시장에 주목했다. 중국 시장이 열린다면 선진국들은 대규모의 시장을 얻게 되고 이는 과잉생산으로 몸살을 앓던 선진국 경제가 한 단계 더 도약할 수 있는 계기가 될 것으로 봤다.

중국도 수출을 통해 선진국들과 경쟁함으로써 앞선 기술을 도입하고 외국 자본을 들여와 자본주의 발전의 토대를 쌓는 것이 중요하다고 생각했다. 중국은 1990년대 들어 점진적으로 수입 관세를 낮추면서 시장개방과 개혁의 의지를 드러냈다. 그 결과 WTO는 1995년 출범하면서 중국의 옵저버 자격을 수용하기로 결정했다.

이후 중국은 미국, 일본, 유럽 등 WTO를 이끄는 강대국들과 잇

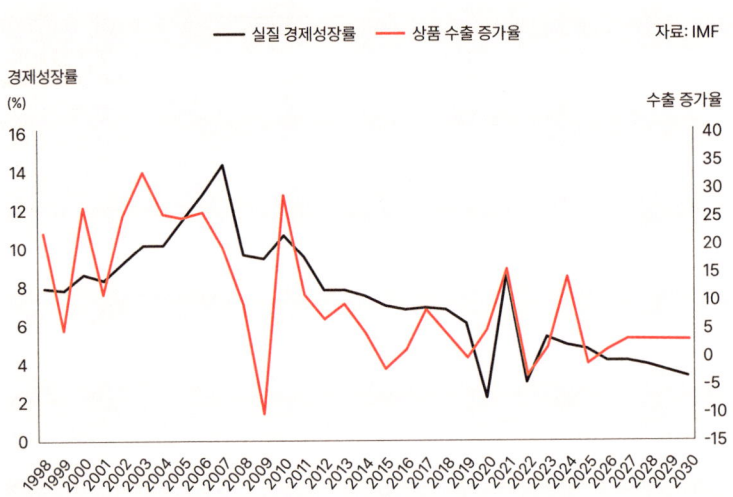

중국의 경제성장률과 수출 증가율

달아 관세협정을 타결하면서 WTO 가입을 타진했다. 마침내 중국은 2001년 카타르 도하에서 열린 제4차 WTO 각료회의에서 정식 가입국으로 결정됐다.

가입 이후 중국의 수출은 비약적으로 늘었다. IMF에 따르면 2001년부터 2010년까지 중국의 평균 상품수출 증가율은 19.3%에 달한다. 2009년에 글로벌 금융위기로 국제무역이 급격히 줄어들면서 중국의 수출도 10% 이상 감소했으나 이외의 연도에 중국 수출 증가율은 20~30%를 기록했다.

경상수지 흑자 규모는 2001년 174억 달러에서 2010년에는 2,378억 달러로 14배 가까이 늘었다. 이 같은 비약적인 수출 증가로 중국 경제는 연평균 10%가 넘는 고도성장을 기록할 수 있었다.

　미국을 비롯한 서방 국가들은 중국과의 협상을 일종의 '일반적 상호주의' 협상으로 봤다. 중국의 WTO 가입으로 당장은 중국이 이익을 보겠지만 중국의 개혁·개방으로 중국 시장이 열리게 되면 선진국들도 이익을 볼 수 있을 것으로 생각한 것이다. 하지만 그들의 예상은 빗나갔다.

　중국은 저임금 노동력을 내세워 저가 상품들을 쏟아내면서 세계 제조업 시장을 장악했지만 중국의 시장은 좀처럼 열리지 않았다. 중국의 관세는 표면적으로 낮아진 것 같았으나 중앙집권적이고 권위주의적인 정부 시스템을 활용해 각종 보호무역 조치들을 계속 실시했다.

　IMF 자료에 따르면 2019년 중국은 자국 산업에 대한 보호 조치로 2,500억 달러에 달하는 보조금을 지급했다. 이는 중국 GDP의 1.7%에 달하는 것으로, 명백한 WTO 규정 위반이다. 미국, 일본, 한국 등 다른 나라들도 보조금을 지급하고 있지만 중국의 비율은 이보다 3~4배 높다. 자국 산업에 대한 저리 대출과 정부 구매 등의 지원책을 포함하면 보조금 지급액은 중국 GDP의 4.9%로 더 크게 늘어난다.

　IMF 조사 결과, 중국은 2009년부터 2024년까지 자국 산업 보호를 위해 총 5,400여 개의 정책을 시행한 것으로 파악됐다. 이 중 95% 가량은 WTO의 규정에 위배된다. 각국은 중국의 자국 산업 보호 정책이 투명한 절차에 따라 이뤄지지 않고 중앙정부의 자의적인 판단

중국 무역수지와 달러당 위안화 환율 변화

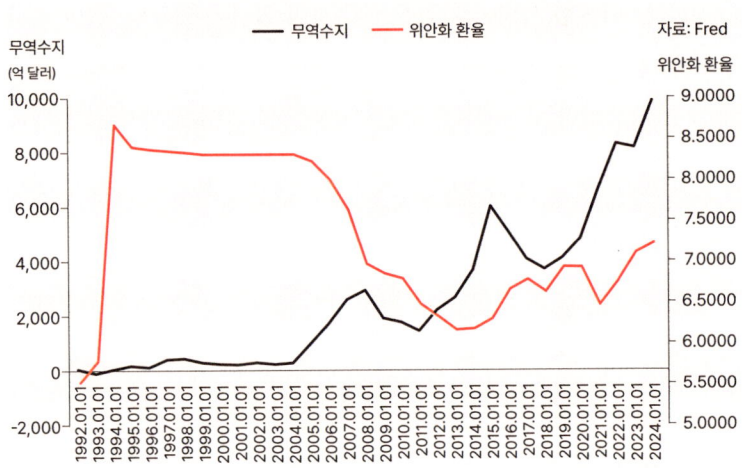

에 따라 집행됨으로써 WTO의 투명성 원칙에 위배된다고 비판했다. 중국 정부의 부당한 지원 정책은 전기차, 철강, 반도체, 태양광 등 첨단 제조업에 집중되고 있어 다른 나라들의 염려는 커지고 있다.

지속적인 무역 흑자에도 불구하고 중국 통화인 위안화 가치가 여전히 낮은 수준에 머물러 있는 것도 문제로 지적됐다. 1990년대 이후 무역수지는 빠른 속도로 늘었다. 중국의 상품무역수지 흑자 규모는 1992년 44억 달러에서 2024년에는 9,900억 달러로 220배 이상 급증했다. 이 과정에서 중국은 위안화 환율을 수출에 유리하게 유지하는 정책을 취했다. 연평균 달러당 위안화 환율은 1980년대 1위안대에서 1993년에는 5.7위안까지 점진적으로 올랐다.

특히 중국의 수출 드라이브 정책이 가속화하는 시점인 1994년에는 종전 공식환율과 시장환율로 이원화됐던 환율제도를 단일화하면서 단번에 위안화 환율을 3위안 가량 올리기도 했다. 이로 인해 연평균 환율은 1993년 5.8위안에서 1994년에는 8.6위안까지 치솟았다.

이후 중국은 미국을 비롯한 서방국가들로부터 지속적으로 위안화 가치를 절상(환율 하락)할 것을 요구하는 압력을 받는다. 미국 내 전문가들은 90년대 이후 위안화 가치가 20~30%가량 저평가됐다는 주장을 지속적으로 하고 있다. 이를 반영해 중국 정부는 환율 변동폭을 늘리고 국가 개입을 줄이는 방식으로 바꿔왔지만 여전히 환율이 정부의 통제 아래 있다는 지적을 받고 있다.

무역수지가 늘어나면 통화는 강세를 보여 달러당 위안화 환율이 떨어지는 것이 일반적이다. 하지만 중국의 위안화는 무역수지의 흐름과는 무관하게 움직였다는 것이다. 중앙정부가 환율시장까지 좌지우지하면서 무역수지를 계속 늘려왔다는 비판을 받는 이유다.

중국은 또 해외투자를 적극적으로 유치한다는 명분을 내걸었지만 자국에 들어온 외국기업들에게 기술이전을 강요하고 중국에서 번 돈을 투자국으로 송금하는 것에도 각종 규제를 하는 등 해외 직접투자와 관련해서도 불공정 행위를 했다는 지적을 받고 있다.

결국 중국은 2000년대 이후 WTO에 가입하면서 기존 자유무역 체제로 인한 혜택은 누구보다 누리면서 각종 비관세 장벽과 행정 규제를 통해 자국 산업에 대한 보호무역 조치를 취했다는 지적에서 자유롭지 못하다. 미국은 2000년부터 2007년까지 중국의 무역 행태로 인해 자국 내 일자리가 최대 240만 개 줄어들었다는 주장도 내놓고 있다. 2019년 이후 미국과 중국 간의 무역전쟁이 본격화하고 있는 가운데 유럽과 아시아, 중남미 국가들도 중국에 대해 비판적인 시각을 유지하면서 대중국 무역 규제를 내놓고 있는 것도 이 같은 이유 때문이다.

맷집이 커진
중국

미국이 불공정 무역을 명분으로 중국을 공격하는 것은 이제 일상이 됐다. 겉으로는 불공정을 내세우지만 속으로는 2인자를 절대 용납하지 않겠다는 미국의 세계 전략과도 깊은 관련이 있다.

중국에 대한 비판이 본격화한 것은 2010년 버락 오바마 대통령 때부터다. 당시 미국에서는 중국을 견제하고 제재해야 한다는 주장이 광범위하게 제기됐지만 오바마 대통령은 이를 실천으로 옮기는 데는 미온적이었다. 중국에 대한 실질적인 공격은 트럼프 1기 정부 때 본격화했고 바이든 정부 때는 그 강도가 더 올라갔다. 트럼프 2기 들어서는 훨씬 강해졌다. 하지만 중국도 맷집이 세졌다. 트럼프 1기 때 미국의 관세 폭탄에 전전긍긍하던 모습에서 이제는 미국의 공격을 맞받아칠 수 있을 정도로 힘을 비축했다.

양국 간의 무역전쟁은 앞으로 어떻게 흘러갈까? 두 나라의 행보에 수많은 나라들이 영향을 받을 수밖에 없어 각별한 관심을 모은다.

먼저 이데올로기로 보자면 미국은 양자주의를 내세우고 중국은 다자주의를 내세운다. 미국은 양국 간에 담판을 짓자는 논리고 중국은 WTO 등 다자간 합의를 최대한 앞세운다. 그럴 만한 이유가 있다.

미국의 대중국 관세 폭탄은 여러 가지 측면에서 WTO 협정 위반이다. 미국이 WTO 체제를 무력화했다는 비판이 나오는 것도 이런 이유 때문이다. 미국의 양허관세는 평균 3.4% 수준이다. 미국이 중국에 대해 이보다 높은 관세를 부과한다면 이는 WTO 협정 위반이다.

미국은 또 WTO가 철칙으로 삼고 있는 최혜국 대우MFN 원칙도 대놓고 위반한다. WTO 가입 국가들은 특정 국가에 대해 무역 규제를 차별해 적용하지 못하도록 하고 있다. 한 나라에 특혜를 주거나 한 나라에 불이익을 주지 못하도록 하는 원칙이다. 따라서 미국이 중국을 꼭 집어 관세를 부과한다면 최혜국 대우 원칙을 위반하는 것이다.

WTO는 한 국가가 수입 급증 등으로 심각한 경제적 위협에 처할 때는 세이프가드 조항을 활용해 관세 부과를 비롯한 수입 통제를 허용하고 있다. 다만 이런 경우에도 WTO 가입국 모두에게 똑같은 대우를 해야 한다. 특정국을 상대로 관세 인상 등의 조치를 취할 수 있는 경우는 해당 국가가 과도하게 싼값으로 수출을 함으로써 덤핑 판정을 받았을 때와 보조금 지급 등을 통해 WTO 협정을 위반했을 경우다. 이 경우, 미국은 중국의 해당 품목에 대해 '덤핑관세'나 '상계관세'라는 명목으로 높은 관세율을 적용할 수 있다. 하지만 이때도 덤핑이나 보조금 지급이 확인된 특정 품목에 대해서만 가능하다.

미국은 중국에 대해 일괄 관세를 부과하는 근거로 국제비상경제

권한법IEEPA을 들고 나왔다. 이 법은 국가 비상사태가 발생했을 때 기존에 맺은 국제적인 협정 등을 모두 뛰어넘는 경제 통제를 할 수 있도록 대통령에게 권한을 부여한 법이다.

현재 미국 경제는 세계에서 가장 잘 나가는 경제 중 하나다. 다른 나라에 비해 성장률도 높고 소비·고용·투자 등 각종 지표들도 양호하다. 경제뿐만 아니라 국가 안보 측면에서도 미국을 위협하는 나라는 없다. 이런 상황에서 미국이 비상사태에 있다고 보는 것은 상식적으로 맞지 않는다. 이를 감안하면 WTO는 물론 미국의 사법 시스템 내에서도 미국의 일방적인 관세 부과 조치는 무리한 것으로 판단될 가능성이 높다.

문제는 WTO 체제 자체가 유명무실화됐다는 점에 있다. WTO는 국가 간 교역을 확대하기 위해 자유무역을 지향하는 원칙을 만들고 이 원칙에 반하는 국가에 대해서는 제재를 가할 수 있도록 한 글로벌 무역 기구다. 하지만 이 기구들은 정상적으로 작동하지 않고 있다.

중국이 미국을 WTO에 제소하면 처음에는 양국 간의 합의를 중재한다. 합의가 이뤄지지 않으면 궁극적으로 WTO 분쟁해결기구DSB의 판단을 받는 절차가 진행된다. 하지만 미국 트럼프 정부 1기 때인 2017년 미국은 WTO 분쟁 해결의 최고 의사결정 기구인 상소기구의 상소위원 임명을 거부했다. WTO가 미국의 이해에 반하는 결정을 한다는 것이 이유다.

이때부터 트럼프의 WTO에 대한 불신이 본격화했다. 문제는 트럼프 1기 이후 등장한 바이든 정부도 비슷한 이유로 WTO 상소위원

임명을 거부했다는 점이다. 그 결과 WTO 분쟁 해결 시스템은 기능 마비 상태에 빠져들었다. 미국 주도로 만든 WTO를 미국 정부가 거부하는 아이러니다. 이 때문에 미중 무역 분쟁이 WTO를 통해 해결되기를 기대하는 것은 사실상 불가능하다.

중국이 이를 모를 리 없다. 그럼에도 중국이 미국을 WTO에 제소하는 것은 문제의 해결보다는 다자협의기구를 통해 국제 여론을 자신들에게 유리하게 형성하려는 의도가 강하다고 볼 수 있다.

중국의
강력한 카드

관세전쟁이 미중 양국 간 문제로 환원된다고 해도 중국이 미국에 대해 갖고 있는 무기가 있다. 그중 하나가 중국이 들고 있는 미국 국채다. 미국 재무부에 따르면 중국은 2025년 1월 기준으로 7,608억 달러 규모의 미국 국채를 보유하고 있다.

국채 보유 규모는 일본에 이어 두 번째로 많으며, 영국(7,402억 달러)과 비슷한 수준이다. 중국은 그동안 미국과의 무역 거래를 통해 벌어들인 달러로 미국 국채를 사 모았다. 한때 세계에서 가장 많은 미국 국채를 보유했으나 최근 들어 국채 보유량을 계속 줄여왔다. 하지만 아직도 보유 규모가 만만치 않다.

중국이 보유한 미국 국채를 시장에 판다면 미국 국채값은 큰 폭으로 떨어지고 금리는 급등할 것이다. 가뜩이나 미국이 막대한 규모의 정부 부채로 고전하고 있는 것을 감안한다면 중국의 미국 국채 매각 카드는 미국에게는 큰 위협이 될 수 있다. 또한 이는 무역에서의 분쟁을 금융시장 전체로 확산시키는 것이어서 글로벌 경제와 금융시장

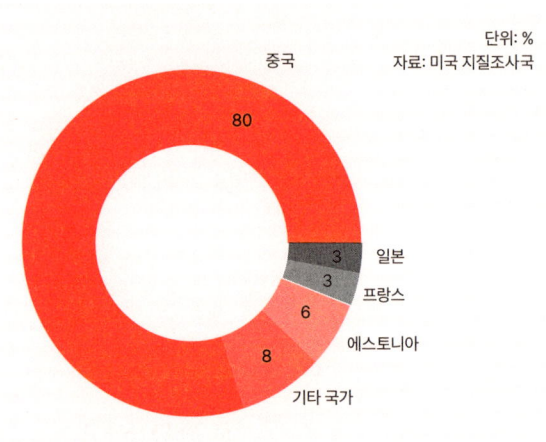

미국의 희토류 대외 의존도

에 미치는 파급 효과 또한 크다.

중국이 갖고 있는 또 하나의 카드는 희토류다. 희토류란 각종 반도체와 전기차 등에 사용되는 희귀 광물로 스칸듐Sc, 이트륨Y 등을 포함한 주기율표상의 17개 원소를 말한다. 현재 희토류는 국방(전투기, 미사일), 전기차 및 배터리, 풍력과 태양광 등 재생에너지 산업, 반도체와 AI 등 하이테크 산업 제품 제조에 없어서는 안 될 필수 요소들이다. 미국 지질조사국USGS에 따르면, 중국의 희토류 매장량은 전 세계의 48.4%에 달하며 희토류 생산량 비중은 약 68~70%에 달한다. 중국은 희토류 원석 채굴부터 최종제품 생산까지 전체 공급망을 구축해 글로벌 희토류 산업을 지배하고 있다. 중국이 희토류 수출을 통제할 경우 전 세계 반도체와 AI 산업은 큰 타격을 입을 것이 자명하며, 여기서는 미국도 예외가 아니다. 이런 이유로 '희토류 수출 통제'는 미중 무역 분쟁에서 중국이 들고 있는 가장 강력한 카드 중 하나다.

미국이 '관세'라는 카드를 들고 나오면 중국은 '희토류 수출 금지'와 '미국 국채 매각'이라는 카드로 맞불을 놓는다. 중국이 앉아서 속수무책으로 당하지는 않을 것이란 얘기다. 미국이 무역전쟁을 전면적으로 벌이기로 한다면 자신들도 상당 부분 희생을 감수해야 한다. 그렇기 때문에 미중 관세전쟁이 전면전으로 확산되기 어려운 구조다.

중국과 미국은 각자 자신들이 들고 있는 카드를 내놓으며 협상에 들어갈 가능성이 높다. 하지만 중국처럼 협상 카드를 쥐고 있는 나라들은 많지 않다. 많은 나라들은 결국 중국과 미국의 협상 결과를 받아들이고 여기에 입각해서 자신들의 전략을 수립해야 한다. 미중 무역전쟁이 어디까지 확산될 것인지에 많은 사람들의 촉각이 곤두서 있는 이유다.

중국 위안화의
부상

실물경제만 놓고 보면 미국과 중국은 거의 비등한 실력을 갖추고 있다. 서로에게 타격을 입힐 만한 무기도 한두 개씩 갖고 있다. 하지만 싸움은 실물경제에서만 일어나지 않는다. 금융시장으로 눈을 돌리면 미국과 중국의 차이는 여전히 크다.

돈이라고 다 같은 돈이 아니다. 돈에도 힘이 있는 돈과 그렇지 않은 돈이 있다. 국제사회에서 돈의 힘은 여지없이 발휘된다. 각국이 발행하는 화폐의 힘은 세계적으로 얼마나 많은 사람들이 그 돈을 갖고 싶어 하는지에 달려 있다. 한 나라의 화폐의 힘을 측정하는 척도가 바로 이 화폐에 대한 수요다.

지구상에서 많은 사람들이 미국의 달러를 갖고 싶어 한다면 달러의 힘은 커진다. 화폐의 파워가 세지면 한 국가가 자국 화폐의 공급을 늘려도 그 가치는 떨어지지 않는다. 미국이 지난 2008년 금융위기 때 4조 달러에 달하는 천문학적인 돈을 풀었는데도 달러 가치는 떨어지지 않았다. 유럽, 중국, 일본, 한국 등 각국이 미국이 발행한 달러를 사들여 쌓아놨기 때문이다. 힘센 화폐를 보유한 국가는 이처럼 세계를 상대로 자신의 힘을 과시할 수 있고 화폐 발행에 따른 막대한 이익도 올릴 수 있다. 많은 국가들이 화폐의 힘을 늘리기 위해 경쟁하는 것도 이 때문이다.

금융자산의 일환으로 화폐를 보유할 경우에는 국제적으로 통화가치가 안정된 화폐가 매력적이다. 통화가치가 급등락을 하면 금융자산으로 갖고 있기가 어렵다. 미국 달러화는 그동안 거래와 금융자산 보유라는 두 가지 목적에서 다른 통화보다 압도적인 우위를 점했다. 세계 각국에서 미국 물건을 사려는 사람들이 많았고 금융자산으로 달러를 보유하는 경우도 많았기 때문이다.

이러한 달러 위주의 국제통화 질서에 중국이 도전장을 내밀었다. 그 시발점이 위안화의 국제통화기금IMF 특별인출권SDR 편입 문

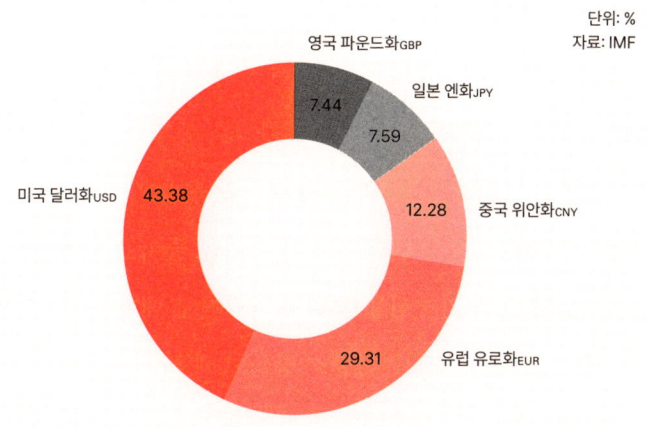

IMF 특별인출권SDR을 구성하는 주요 통화 비중

제였다. SDR은 IMF가 만든 가상의 화폐로 여기에 편입되는 화폐와 그 비율은 5년마다 결정된다. 2015년까지 SDR의 가치는 미국 달러화(41.9%), 유럽의 유로화(37.4%), 영국 파운드화(11.3%), 일본 엔화(9.4%) 가치의 가중평균으로 결정됐다. 중국 위안화는 2015년 SDR 편입 화폐로 결정됐다.

중국 위안화가 SDR에 편입되면서 중국은 SDR의 가치를 결정하는 과정에 참여할 수 있게 됐다. 세계 각국이 SDR을 보유하고 있으면 필요할 때 여기에 편입된 국가들의 화폐로 교환할 수 있는 권리를 갖게 된다. 따라서 중국 위안화의 SDR 편입은 중국 화폐에 대한 국제적인 수요가 늘어나게 되는 매우 중요한 계기가 됐다.

2024년 기준으로 중국의 수출액은 3조 5,798억 달러로 미국(2조 685억 달러)을 크게 앞질렀다. 세계 각국에서 중국 물건에 대한 수요가 미국보다 훨씬 많다는 의미다. 화폐를 보유하는 가장 중요한 목적이 물건을 제때 사기 위한 것이라고 한다면 중국 화폐에 대한 수요가 늘어나는 것은 당연하다.

반면 아직까지는 금융자산으로서 중국 화폐의 매력은 크지 않다. 중국 정부가 인위적으로 위안화의 가치를 통제하고 있기 때문에 시장의 흐름과 무관하게 통화가치가 출렁일 수 있기 때문이다. 이 때문에 중국은 외환시장에 대한 정부의 개입을 줄이고 시장에서 위안화 가치 변동의 예측 가능성을 높여 중국화폐에 대한 수요를 늘리려고 하고 있다. 또 주식과 채권시장 개방을 통해 외국자본 유입을 촉진하고 있다. 하지만 자본유출에 대해서는 여전히 다른 나라보다 제약이 많고 정부의 규제도 심한 편이다.

중국의 부상으로 중국 위안화의 국제적인 위상도 크게 높아졌다. 미국 입장에서는 그동안 달러가 국제 시장에서 독점적인 지위를 지킴에 따라 누려왔던 막대한 이익이 줄어들 가능성이 커졌다. 중국 화폐의 부상은 그동안 국제무대에서 성장한 중국의 경제력을 반영하는 것이다.

특히 주목할 점은 BRICS(브라질, 러시아, 인도, 중국, 남아프리카공화국)의 확대와 함께, 위안화가 대체결제통화로 부상하고 있다는 점이다. 중국은 BRICS를 중심으로 한 새로운 국제금융 네트워크를 적극적으로 구축하며, 달러 의존도를 낮추려는 움직임을 강화하고 있다. 예를 들어, BRICS 국가 간 교역에서 위안화 결제 비중은 점차 확대되고 있으며, 러시아나 브라질 등 일부 국가는 원유·자원 거래 시 위안화를

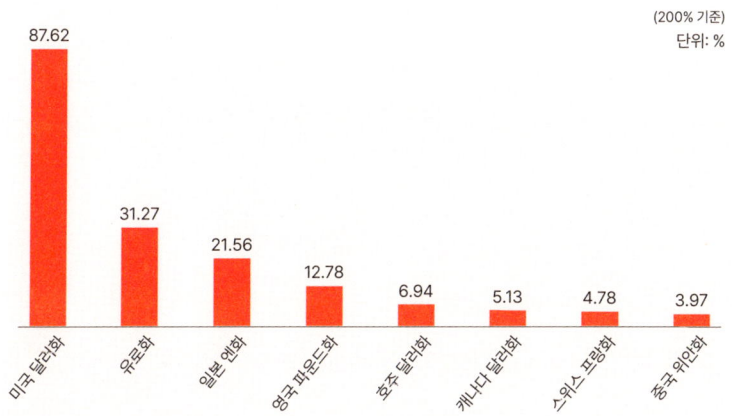

국가 통화별 거래 비율

직접 사용하는 비중을 늘리고 있다. 또한 BRICS는 공동 결제 시스템 구축이나 '탈脫달러화' 논의에서도 중국 위안화를 핵심 축으로 고려하고 있다.

이처럼 중국의 부상과 BRICS의 확장은 위안화의 국제적 위상을 크게 높이고 있다. 미국 입장에서는 그동안 달러의 독점적 지위 덕분에 누려온 막대한 경제적 이익이 점차 약화될 수밖에 없다. 중국 화폐의 부상은 단순히 환율 문제를 넘어, 국제 경제질서의 축이 서서히 이동하고 있음을 보여주는 상징적 변화다. 그리고 이 거대한 흐름을 미국이 막기에는 힘이 부쳐 보인다.

시간은 중국의 편이지만 아직은 중국 위안화에게 달러의 위상은 소위 '넘사벽'이다.

국제결제은행BIS이 총 200%를 기준으로 집계한 글로벌 외환시장에서 거래되는 통화의 비율을 살펴보면 미국 달러화가 87.62%로 압도적으로 높다. 이어 유로화(31.27%), 일본 엔화(21.56%), 영국 파운드화(12.78%), 호주 달러화(6.94%), 캐나다 달러화(5.13%), 스위스 프랑화(4.78%), 중국 위안화(3.97%) 순이다. 중국 위안화보다 달러의 거래량 비율이 22배나 높다. 실물 부분의 약진에 비해 화폐 부분은 아직 미국에 크게 못 미치는 수준이다.

달러 거래량이 많다는 것은 그만큼 각국의 달러 수요가 많다는 얘기이고 이는 미국이 필요할 때 언제든지 달러를 공급하거나 회수함으로써 글로벌 경제에 영향을 미칠 수 있다는 얘기다. 중국에 비해 화폐 영향력은 비교할 수 없을 만큼 크다고 볼 수 있다.

6장

TRUMPISM AND TARIFF WAR

약탈의 시대 살아남기

트럼프 관세의
부메랑

부메랑은 호주 원주민들이 사냥에 사용하던 도구였다. 부메랑을 사냥감에게 던져 명중하면 사냥에 성공한다. 만약 명중하지 않으면 자신에게 다시 돌아온다. 정신을 바짝 차리고 있지 않으면 자신이 던진 부메랑에 맞을 수도 있다.

트럼프가 촉발한 관세전쟁은 부메랑 같은 것이다. 미국이 던졌지만 상대 국가를 제대로 가격하지 않으면 관세로 인한 피해는 고스란히 미국으로 돌아온다. 몇 가지 이유가 있다. 먼저 글로벌 공급망이 촘촘하게 얽혀 있어 관세 폭탄의 불똥이 어디로 튈지 모른다.

"내가 입는 티셔츠 하나가, 얼마나 많은 사람의 손을 거쳐, 얼마나 많은 정치적 결정과 경제적 힘의 영향을 받았는지를 알게 되는 것은, 세계를 이해하는 첫걸음이다."

피에트라 리볼리Pietra Rivoli 미국 조지타운대학교 교수는 2005년 티셔츠라는 물건 하나만 가지고 세계경제가 어떻게 얽히고설켜 있는지 분석해 『티셔츠의 여행The Travels of a T-Shirt in the Global Economy』이라는 책을 썼다. 세계적인 베스트셀러가 된 이 책을 보면 흥미롭게도 지금으로부터 20년 전에 트럼프 관세 폭탄의 미래를 그리고 있다. 스토리는 이렇다.

목화를 재배해 면을 만들어내는 목면 산업은 미국의 가장 중요한 산업 중 하나다. 정치적으로는 목화를 재배하는 지역은 미국 민주당의 텃밭이다. 과거 노예제도의 본산이었던 지역이어서 흑인들의 인권운동이 활발하게 일어났던 곳들이기 때문이다. 이러한 역사적·정치적 배경 속에서 목면 산업은 정부가 보조금을 지급하는 주요 지원 산업이었다.

미국의 산업이 고도로 발달해도 목면 산업이 계속 유지되고 번성했던 이유다. 정부의 보조금은 공정무역에 위배되는 정책이지만 목면산업만큼은 예외였다. 이렇게 생산된 면화는 중국으로 수출된다. 중국의 경쟁력은 누가 뭐래도 저임금 노동력이다. 중국은 저임금 노동력을 활용해 티셔츠를 만든다. 이처럼 티셔츠는 주문자생산방식 OEM으로 생산되는 경우가 많다. 그래서 미국 매장에는 브랜드는 미국산인데 '메이드 인 차이나made in China'라벨을 달고 있는 티셔츠들을 자주 볼 수 있다.

중국은 이렇게 티셔츠를 만들어 미국에 다시 수출한다. 중국의 저임금 노동자들이 열악한 환경에서 티셔츠를 만들어 이를 미국에 공급하기 때문에 미국 소비자들은 싼값에 티셔츠를 사서 입을 수 있다.

미국인들이 입던 티셔츠는 기부되거나 정부에 의해 수거돼 아프리카 등으로 보내진다. 그곳 소비자들에게 더 낮은 가격으로 판매되기도 하고 무상으로 제공돼 그들이 입기도 한다.

겉으로는 미국의 유명 브랜드 옷을 전 세계가 입고 있는 것처럼 보이지만 그 이면에는 복잡다단한 티셔츠의 여행이 자리 잡고 있다. 이런 공급망은 하루이틀 사이 형성된 것이 아니다. 오랜 세월 각국의 경제와 정치가 맞물려 만들어진 관행과 각종 제도적·법적 요소들이 결합된 결과다. 한 나라의 정책이 전 세계에 영향을 미칠 수밖에 없는 이유도 여기에 있다.

그런데 만약 미국이 중국산 티셔츠에 50%의 관세를 매긴다면 어떤 일이 벌어질까? 단순 계산으로 미국 소비자들이 부담하는 가격이

티셔츠 하나가 만들어져 소비자가 구매하기까지의 과정을 설명하고 있는 책, 『티셔츠의 여행』. 트럼프의 관세 정책이 미치는 영향은 티셔츠 원자재 생산자부터 가공업자, 물류업체 등 산업 생태계 전체를 뒤흔들 수 있다. 자동차나 선박이라면 그 파장은 더욱 클 것이다.

50% 상승한다. 10달러 하던 티셔츠 한 장 가격이 15달러로 올라가는 것이다. 그럼 중국산 티셔츠에 대한 소비가 줄어들고 중국으로부터 수입하는 티셔츠의 양도 줄어든다. 티셔츠의 가격이 올라 중국으로부터 수입하는 티셔츠의 물량이 1만 장에서 5,000장으로 줄어든다고 생각해보자. 그러면 중국이 티셔츠를 만들기 위해 미국으로부터 수입하는 면화의 양도 절반으로 줄어든다. 티셔츠가 팔리지 않는데 많은 양의 면화를 수입할 이유가 없기 때문이다. 그럼 미국의 면화 생산자들의 수입이 절반으로 줄어든다. 미국의 관세 정책이 미국 면화 생산자들을 옥죄는 결과를 가져오는 셈이다.

목면 산업 종사자들은 정치적 입김이 강한 집단이다. 미국 정치권은 면화업자들의 불만에 시달리게 되고 이는 미국 선거에도 영향을 미친다. 목면 산업 불황의 원인이 트럼프의 관세 폭탄에 기인한다면 트럼프의 지지율은 떨어진다. 이 경우 트럼프를 필두로 한 공화당은 재집권 기회를 놓칠 수도 있다. 결국 중국에 대한 관세는 부메랑이 되어 미국으로 다시 돌아온다. 미국에서 소비하는 티셔츠의 양이 줄어들면 아프리카 등 개발도상국으로 공급되는 티셔츠의 양도 줄어든다. 그럼 이 나라 국민들도 고통을 받게 되고 미국의 이미지에도 악영향을 미친다.

미국은 중국에 타격을 입히기 위해 관세를 부과했지만 관세로 인한 정치·경제·외교적 영향은 언제 어디로 어떻게 튈지 아무도 모른다. 중국이 미국으로부터 수입하는 면화에 대해 '맞불 관세'를 매긴다면 상황은 훨씬 복잡해진다. 관세에 관세가 이어지면 결국 미국의 목면 산업과 중국의 티셔츠 산업이 모두 붕괴될 가능성이 높다.

자동차를 비롯해 반도체와 휴대폰, 전기차 등의 제조업 공급망은 티셔츠보다 훨씬 더 복잡하고 촘촘히 얽혀 있다. 스마트폰을 예로 들어보자. 스마트폰에 들어가는 원자재는 칠레, 호주, 중국, 콩고 등에서 생산한다. 부품을 설계하고 생산하는 국가들은 한국, 일본, 중국, 대만, 미국 등이다. 부품을 조립해서 완제품으로 만드는 국가는 중국, 베트남, 인도 등이고 개별 소비자들에게 휴대폰을 최종 판매하는 브랜드는 애플(미국), 갤럭시(한국), 샤오미(중국), 노키아(핀란드) 등이다.

소비자들은 최종 브랜드만 보고 한국, 미국, 중국, 핀란드 제품으로 판단하지만 실상 휴대폰에는 수많은 국가들의 부가가치가 녹아 있는 셈이다. 따라서 미국이 외국산 휴대폰에 관세를 부과한다면 이는 티셔츠보다 10배 이상 더 복잡한 결과를 만든다. 처음에는 휴대폰을 수출하는 한국과 중국 등의 국가가 타격을 입는 것처럼 보이겠지만 시간이 지날수록 관세는 부메랑이 돼서 다시 미국으로 돌아올 가능성이 높다. 이 과정에서 미국이 입는 피해가 얼마나 될지는 예측하기 어렵다.

트럼프는 2025년 전 세계를 상대로 상호관세를 부과했다. 여기에 철강, 알루미늄, 자동차 등에는 품목별 관세를 부과했다. 트럼프의 관세 폭탄이 촘촘하게 얽힌 글로벌 공급망에 투하되면 그 파편이 어느 나라에 어떻게 될지 예상이 어렵다. 시간이 지나면서 이 파편이 세계를 한 바퀴 돌아 미국으로 되돌아간다면 미국이 고율의 관세를 지속할 수 있을까?

이 때문에 미국을 제외한 개별 국가 입장에서는 시간을 버는 것이 무엇보다 중요하다. 소나기가 올 때는 일단 소나기를 피하고 그 효과가 어떻게 이어질지 지켜본 후 전략을 수립할 필요가 있다. 섣불리 미국에 대응하면 득보다 실이 많을 것이다. 시간을 최대한 늦추고 관세 폭탄을 일단 피하고 보는 전략이 바람직하다.

관세 게임에서
이기는 전략

2025년 7월 한국, 유럽, 일본 등 세계 각국은 미국과 관세협상을 진행했다. 각국이 협상 과정에서 닥친 과정을 경제학의 게임 이론을 활용해 단순화할 수 있다. 한국과 일본을 예로 들어보자.

각국이 미국과 협상할 때 미국에 저항할 것인지 아니면 미국 요구에 순응할 것인지 두 가지 전략을 사용할 수 있다. 먼저 일본이 미국에 저항을 할 경우 한국은 저항을 할 수도, 미국 요구에 순응할 수도 있다. 만약 일본과 한국이 모두 미국에 저항을 한다면 미국은 만만찮은 두 나라가 동시에 저항을 하기 때문에 강한 요구를 할 수 없다. 이 때 미국과 협상을 한 두 나라가 얻는 이익은 각각 10이다.

그런데 일본이 저항할 때 한국은 순응한다고 생각해보자. 이 경우 미국은 일본에 대해서는 높은 관세를 부과할 것이고 한국의 관세는 낮춰줄 것이다. 그럼 일본은 미국 시장에 수출하기가 어려워진다. 반면 한국은 미국 수출 시장에서 유력한 경쟁자인 일본을 따돌릴 수 있어 대미 수출 물량이 크게 늘어난다. 이런 상황이라면 한국은 일본과

미국에 대응하는 한일 전략과 그에 따른 이익

일본 \ 한국	저항	순응
저항	한국 10, 일본 10	한국 15, 일본 0
순응	한국 0, 일본 15	한국 3, 일본 3

미국 시장을 나눠 갖는 것보다 더 큰 이익을 올릴 수 있다. 이때 한국의 이익은 일본이 같이 저항할 때 얻을 수 있는 이익인 10보다 더 커지는 반면, 일본은 미국 시장을 잃어버리게 돼서 얻을 수 있는 이익이 0으로 떨어진다.

예를 들어, 자동차 분야에서 일본이 미국과의 협상에서 저항한다면 미국이 일본 자동차에 대한 관세를 25%로 올린다. 반면 한국은 미국의 요구를 받아들여 미국이 자동차 관세를 15%로 낮춰준다. 이 경우 일본 자동차는 미국 수출이 어려워지고 한국 자동차는 일본이 수출하던 시장까지 장악할 수 있게 된다. 그럼 일본의 손해는 커지고 한국의 이익도 커진다. 이런 이유 때문에 일본이 미국에 저항한다면 한국은 미국에 순응하는 것이 이익을 높일 수 있는 전략이다.

만약 일본이 미국에 순응한다면 한국 입장에서는 미국에 저항하기보다 순응하는 것이 미국 시장을 어느 정도 지킬 수 있는 전략이다. 일본이 순응하는데 한국이 저항한다면 일본이 미국 시장을 독점하게 되고 한국은 미국 시장을 잃어버리게 되기 때문이다.

게임의 구조를 종합해보면 일본이 미국에 저항을 하든 순응을 하든 한국이 가장 많은 이익을 얻을 수 있는 전략은 '순응'을 택하는 것이다. 일본도 한국이 미국에 저항을 하든 순응을 하든 '순응'하는 전략을 구사하는 것이 더 큰 이익을 올릴 수 있다.

게임의 규칙이 이렇다면 일본과 한국은 모두 미국의 요구에 순응하게 되고 양국은 동시에 저항할 때보다 적은 이익을 올리게 된다. 표에서는 양국이 모두 순응할 때 얻는 이익의 정도를 3으로 표현했다. 이때 양국은 힘을 합쳐 저항할 때보다는 이익이 작아지지만 한 나라만 저항하고 다른 나라는 순응할 때 저항하는 나라가 얻는 이익보다는 많은 이익을 얻게 된다. 바로 이 점이 트럼프가 두 나라를 분리해서 협상하려는 이유이기도 하다.

결국 미국이 한국과 일본을 갈라놓고 각각 협상을 한다면 두 나라 모두 미국에 순응하는 것이 최선의 전략이 된다. 이 경우 미국은 가장 큰 이익을 얻을 수 있다.

이러한 구도는 2025년 7월 각국이 미국과 무역협상을 진행할 때 그대로 드러났다. 한국, 일본, EU 등 미국의 주요 수출국들은 모두 미국의 일방적인 요구를 받아들였다. 이들 나라는 모두 자신들이 미국에 저항했을 때 미국이라는 시장을 다른 경쟁국에 송두리째 빼앗길 것을 가장 두려워했다. 절대적인 관세율보다는 다른 나라와 비교한 관세율에 더 관심을 쏟은 것도 이런 이유 때문이다.

반면 브라질과 인도는 이런 분위기를 알면서도 미국에 저항하는 선택을 했다. 그 결과 이들 국가에는 25~50%의 높은 관세가 부과됐다. 따라서 이들이 한국, 일본, EU 등과 미국 시장에서 동일 제품으로 경쟁하는 것은 사실상 어렵게 됐다.

그럼 이런 식의 관세 게임은 지속될 수 있을까? 게임이 한번에 끝난다면 각국이 모두 순응하는 것이 가장 좋은 전략이지만 시간이 지날수록 각국은 살길을 찾게 된다. 대표적인 예가 각국 간의 연대를 통해 문제를 해결하는 것이다. 먼저, 한국과 일본, EU가 단결할 수 있다. 이 국가들은 미국에 수출할 때 다른 국가보다 높은 관세를 적용받지 않는 것이 목표다. 만약 이 3개 나라가 단결해서 미국에게 관세를 낮춰줄 것을 요구한다면 각 나라로 쪼개져서 미국과 협상하는 것보다 훨씬 더 큰 협상력을 발휘할 수 있다. 관세율이 조금 높더라도 3국이 동일한 관세율을 적용받는다면 미국 시장을 나눠가질 수 있기 때문이다.

따라서 미국이라는 거대한 국가를 상대하기 위해서는 많은 나라들이 '일대일' 협상보다는 '다대일' 협상 구도를 만드는 것이 훨씬 더 효과적이다. 각국이 단결의 강도를 높이고 미국이 관세를 부과할 때 공동으로 맞불을 놓는다면 미국은 더 이상 관세를 통해 다른 나라를 누르기 어렵게 된다.

경제학적인 설명을 빌리자면 미국에 대항하는 각국이 서로 경쟁하는 구도를 탈피하고 협조하는 구도를 만드는 것이 중요하다. 이를 위해서는 각국이 서로 신뢰를 쌓아야 한다. 협조해서 미국에 저항하

트럼프 대통령은 다자협상보다는 각국을 일대일로 상대하는 협상을 선호한다. 한국과 일본의 경우, 공동 전략을 펼친다면 미국의 힘을 뺄 수 있다. 하지만 서로를 경쟁자로 여긴다면 미국은 이를 이용하려고 할 것이다.

기로 해놓고 한두 나라가 이탈한다면 게임은 다시 경쟁적 게임 구도로 바뀌고 이 때 모든 나라는 단결할 때보다 손해가 커진다. 각국이 미국에 순응하는 선택을 하는 것은 미국보다 다른 경쟁국들을 믿지 못하기 때문이다. 하지만 시간이 지나면서 모두가 손해 보는 게임의 구조를 이해하게 되면 경쟁국과의 협력을 모색할 가능성이 높다.

미국에 대항하는 또 하나의 카드, CPTPP

각국이 협력할 수 있는 대안이 전혀 없는 것은 아니다. 포괄적·점진적 환태평양경제동반자협정CPTPP이 그중 하나다.

원래는 미국이 주도한 TPP Trans-Pacific Partnership에서 출발했지만, 2017년 트럼프 행정부가 탈퇴하면서 일본을 중심으로 나머지 11개국이 협정을 수정·재편해 2018년 발효시킨 것이 CPTPP다. 2023년 영국이 가입함으로써 최초의 유럽 회원국이 탄생했다.

아시아·태평양 지역의 자유무역 블록 중 가장 포괄적인 협정 중 하나인 CPTPP가 미국에 대응하는 국제무역 질서의 대안이 될 수도 있다. 한국은 이 협정의 초기에 참여하지 않았는데, 그 배경에는 미·중 사이에서 외교적 균형을 유지하려는 신중한 계산이 있었다.

당시 협정이 미국 주도로 추진되면서, 중국과의 관계 악화를 우려한 것이다. 농수산업계의 시장 개방 반발 역시 정부의 부담으로 작용했다. 이후 2017년 미국이 탈퇴하면서 일본 중심의 CPTPP가 출범했지만, 한일 관계 악화로 한국의 가입 논의는 다시 속도를 내지 못했다.

최근 미국발 관세전쟁으로 통상 불확실성이 커지면서 한국의 CPTPP 가입에 대한 논의가 속도를 내고 있는 모양새다. 시장 확대와 안정적인 교역 기반 확보를 위해서 그리고 한국과 유사한 경제·통상 입장을 가진 국가들과의 경제동맹 네트워크를 강화하려는 전략적 판단에서다. 그동안 통상 전문가들은 한국의 높은 미·중 수출 의존도를 줄이고, 수출 시장 다변화를 위해 CPTPP 가입이 필요하다고 지속적으로 주장해온 바 있다. 대외경제정책연구원KIEP은 한국이 CPTPP에 가입할 경우 실질 GDP가 약 0.33~0.35% 증가할 것으로 전망했다.

세계은행에 따르면 CPTPP는 세계 4위 규모의 자유무역협정FTA으로, 회원국들의 GDP를 합치면 전 세계의 약 14%에 이르는 규모다.

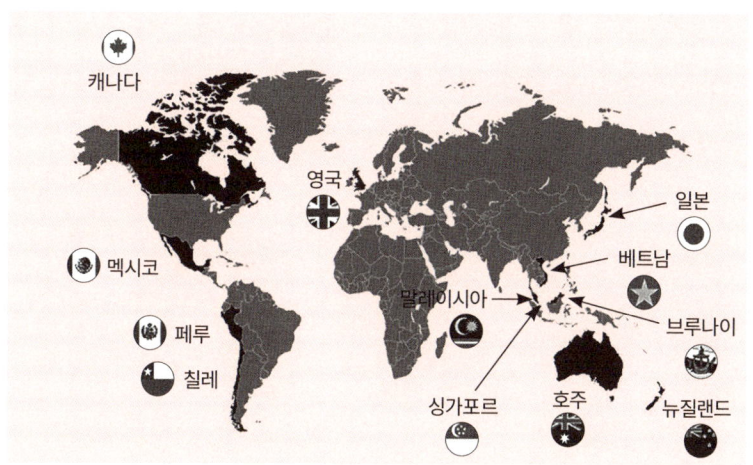

CPTPP는 환태평양 11개 나라와 유럽에서는 영국이 가입해 있다. 미국의 관세 폭탄에 대응할 수 있는 새로운 거대 공동 시장으로 작용할 수 있을지 귀추가 주목된다. 한국도 가입 의사를 표명한 상태다.

CPTPP 활성화는 여러 가지 의미가 있다. 먼저 미국의 관세 폭탄으로 줄어드는 미국 수출을 상쇄하기 위해 회원국들 간의 교역을 늘릴 수 있다. 미국이 관세 폭탄으로 다른 나라들을 위협할 수 있는 근본적인 이유는 미국의 시장이 크기 때문이다. CPTPP를 통해 더 큰 시장을 만들 수 있다면 미국의 관세 폭탄은 그리 큰 위협이 되지 않을 수 있다. 두 번째로 미국에 대한 협상력을 높일 수 있다. 한국을 비롯한 여러 나라들이 이 기구에 가입하고 미국에 대해 공동 협상에 나선다면 협상력이 한층 높아진다. 트럼프의 쪼개기 협상 전략에 대응하는 하나의 카드가 마련되는 셈이다.

CPTPP가 경제동맹에 이어 외교와 국제정치적인 입장에 대해서도 한목소리를 낼 수 있다면 미국을 대체할 수 있는 새로운 국제 질서를 수립할 수도 있다. 여러 가지 측면에서 CPTPP는 트럼프의 '약탈적 상호주의'를 견제할 수 있는 대안 중 하나다.

무역에서 금융으로,
상존하는 외환위기

트럼프 관세 폭탄의 근거는 무역이다. 그동안 세계 각국이 미국의 저율 관세 덕택에 물건을 많이 팔아 이익을 챙겼으니 이제는 미국이 반대로 관세를 올리겠다는 것이다. 거두절미하고 무역만 딱 잘라놓고 말하자면 트럼프의 얘기가 맞는 것처럼 보인다. 현실적으로 미국의 관세가 다른 나라보다 낮고 미국이 대규모 무역 적자를 보고 있는 것도 사실이다.

하지만 미국이 무역에서의 상호주의를 말한다면 다른 나라들은 금융에서의 상호주의를 동시에 추구할 것을 미국에 요구할 수 있다. 한마디로 상호주의의 전선을 넓히는 것이다. 미국이 무역에서 적자를 보면서도 세계 최강의 경제대국이 될 수 있었던 것은 바로 금융시장에서 기축통화 역할을 하는 달러의 힘 때문이다.

케인스의 꿈, 방코르

1940년대, 전후 세계 경제질서를 재편하는 과정에서 영국의 대표적인 경제학자 존 메이너드 케인스는 독창적인 아이디어를 제안했다. 그는 전후 국제무역의 균형과 지속 가능성을 위해 '방코르Bancor'라는 국제통화를 창설하자고 주장했다. 방코르는 금이나 달러 같은 특정 국가의 통화가 아니라, 국제결제연합International Clearing Union이라는 국제기구가 발행하고 관리하는 초국가적 화폐였다.

이 구상에 따르면, 모든 회원국은 국제결제연합에 방코르 계좌를 보유하게 된다. 한 나라가 무역을 통해 흑자를 기록하면 그만큼 방코르 잔액이 늘어나고, 반대로 무역 적자를 기록하면 방코르 잔액이 줄어든다. 즉, 각국의 무역수지는 방코르 잔액의 변동으로 투명하게 기록·관리되는 구조였다.

케인스는 이 체제를 통해 세계 경제의 불균형을 자동으로 조정할 수 있다고 보았다. 특정 국가가 지나치게 무역 흑자를 쌓으면, 그 국가는 방코르 잔액이 과도하게 늘어나게 되므로 해외투자를 확대하거나 국내 소비를 늘려 흑자를 줄이도록 유도된다. 반대로 무역 적자가 심한 국가는 방코르 잔액이 줄어들어 통화가치의 절하를 통해 수출 경쟁력을 높이고, 재정 긴축이나 수입 억제 정책으로 적자를 줄이는 방향으로 조정된다.

즉, 이 시스템의 핵심은 흑자국과 적자국 모두가 일정한 조정 책임을 공유한다는 데 있었다. 케인스는 이를 통해 일부 국가가 지속적으로 흑자를 유지하면서 글로벌 불균형을 초래하거나, 특정 국가의 통화가 국제결제의 중심이 돼 세계경제를 좌지우지하는 상황을 방지할 수 있다고 보았다.

그는 방코르 체제가 도입되면, 각국의 무역이 '제로섬 경쟁'이 아닌 상호 균형적 구조로 발전할 수 있으며, 세계경제가 보다 안정적이고 공정하게 운영될 것이라고 주장했다. 다시 말해, 케인스의 제안은 미국 달러 중심의 단극 체제를 견제하고, 국제통화의 중립성을 확보하려는 시도였다.

반면, 당시 미국 협상 대표였던 해리 덱스터 화이트는 케인스의 방코르 구상에 정면으로 맞섰다. 그는 세계경제의 중심이 이미 미국으로 이동했다고 판단했고, 미국 달러를 국제무역과 금융의 기축통화로 삼자는 안을 제시했다.

화이트의 제안에 따르면, 무역 적자를 보는 국가는 미국으로부터 달러를 빌려 결제에 사용할 수 있고, 무역 흑자를 내는 국가는 달러를 축적해 외환 보유액으로 쌓을 수 있도록 했다. 즉, 달러가 세계 각국의 결제와 준비자산의 공통 통화 역할을 하게 되는 구조였다.

이 체제의 신뢰성을 확보하기 위해 미국은 금 1온스를 35달러로 고정하는 금태환 제도를 도입했다. 각국 중앙은행은 보유한 달러를 언제든 미국 재무부에 제출해 금으로 교환할 수 있었고, 이를 통해 달러의 가치는 금과 연동된 '금본위 기반의 신용통화'로 안정성을 유지했다.

1944년 7월, 전쟁이 끝나기 직전 미국 뉴햄프셔주의 브레튼우즈에서 44개 연합국 대표들이 모여 새로운 세계 경제질서를 설계했다. 이 자리에서 케인스와 화이트는 각자의 비전을 놓고 치열한 논쟁을 벌였다. 케인스는 국제통화의 중립성과 균형을 강조했지만, 전쟁 이후 압도적인 경제력과 금 보유량을 가진 미국의 영향력 앞에서 영국의 제안은 힘을 얻지 못했다.

브레튼우즈 체제Bretton Woods System 아래서 달러는 금과 연결된 유일한 통화로서 사실상 세계 기축통화의 지위를 확보했고, 미국은 이를 통한 이익을 독점할 수 있었다.

케인스의 방코르 아이디어를 계승한 것으로 IMF가 발행하는 특별인출권SDR이라는 것이 있다. 이는 달러, 유로 등 통화바스켓 기반으로 발행된 증권이다. IMF가 발행 주체이고 국제준비자산으로 활용된다. 금융에서의 상호주의가 제대로 작동한다면 SDR 같은 글로벌 공동통화를 가지고 무역이나 금융거래를 하고 각국의 통화는 글로벌 공동통화에 연계해 환율이 결정되는 방식으로 국제통화 체제를 운영할 수 있다. 이를 활성화시킨다면 미국의 달러 패권은 사실상 무너지게 된다. 여러 국가들이 SDR과 같은 글로벌 공동통화를 활용한 거래를 활성화하면, 현재 국제 금융에서 미국 달러가 갖는 독점적 영향력이 크게 약화될 것이기 때문이다. 즉, 70년 전 케인스가 제안한 방코르 아이디어를 현대 금융·외환 체제에 적용하는 것이, 미국 중심의 단극적 통화 체제 대신 상호주의적·균형적인 국제통화 체제를 실현하는 방법이다.

글로벌 통화를 도입하기까지는 많은 시간이 소요된다. 미국의 반발도 예상된다. 그렇다면 과도기에 있는 많은 나라들이 미국 달러와의 통화 스와프 거래를 활성화해 달러 의존도를 낮출 수도 있다. 역시 금융에서의 상호주의를 부분적으로 실현하는 방법이다.

트럼프의 상호주의가 제대로 작동하려면

'트럼프 라운드'는 금융시장에도 영향을 미친다. 당장 외환시장이 발등의 불이다.

미국이 각국에 관세를 부과하면 전 세계 국가가 미국으로 수출하는 물건의 양이 줄어든다. 이때 각국의 외환시장에서 달러 공급은 줄어들고, 이는 각국 통화에 대한 달러값 상승을 야기한다. 한국의 경우 원화값은 떨어지고 환율은 오른다. 여기에 더해 한국과 일본, 유럽 등은 미국에 총 1조 5,000억 달러에 달하는 대규모 투자를 할 것을 합의했다. 투자는 달러로 이뤄진다. 달러에 대한 수요가 늘어나면 이 역시 달러값 상승을 야기할 요인들이다.

각국 외환시장에서는 희비가 엇갈린다. 유럽·일본은 미국 달러 정도는 아니어도 나름대로 기축통화국 역할을 하고 있어 외환시장에 대한 걱정은 없다. 하지만 한국은 사정이 다르다. 미국과 합의한 돈을 투자하고 미국발 관세로 수출이 줄어들면 외환시장에 충격을 줄 가능성이 높다. 달러 수요가 단기간에 급속히 늘어나면 통화가치는 하락하고 환율은 치솟는다. 이럴 때 투기자본까지 가세한다면 외환시장은 큰 혼란에 빠질 수 있다. 소규모 개방경제인 국가들은 외환시장이 혼란에 빠지면 실물경제도 타격을 입는다.

유럽과 일본은 아무리 많은 달러를 미국에 투자한다고 해도 유로화나 엔화값이 요동칠 가능성이 별로 없다. 미국과 상시적인 통화 스와프를 맺고 있기 때문이다. 반면 국제통화를 보유하지 않은 나라들의 외환시장은 살얼음판처럼 취약해질 가능성이 높다. 각국은 미국의 고율 관세로 실물시장에서 수출이 줄어드는 것과 함께 외환시장이 불안해지는 것까지 감수해야 할 형편이다.

미국에서 비롯된 시장 불안은 미국과의 합의로 풀어야 한다. 트럼프 경제 책사인 스티븐 미란 연준 이사는 이런 상황에 대비한 아이디어도 제시했다. 그는 미국 문제를 해결하는 데 도움을 준 나라들의 외환시장이 불안해지면 각국 중앙은행과의 통화 스와프 협정을 부활시켜줄 것을 제안했다. 관세에서의 상호주의와 함께 금융시장에서의 상호주의를 부분적으로 실현하는 방안이다.

특히 한국을 비롯한 개발도상국들은 외환시장 안정이 무엇보다 중요하다. 미국과의 통화 스와프 계약을 체결해 외환시장이 불안할 때 미국으로부터 달러를 공급받을 수 있는 파이프라인을 확보하는 것이 거의 필수다. 통화 스와프 협정을 체결한 나라의 외환시장이 불안해지면 그 나라 통화와 미국 달러를 교환할 수 있도록 해줌으로써 시장 불안을 잠재울 수 있다. 미란 보고서의 작성자인 스티븐 미란 또한 각국의 달러 유동성이 부족할 때 미국 연방준비제도가 즉각 달러 대출을 해줄 것을 명문화하는 협약의 체결 필요성을 주장한 바 있다. 미국이 관세 폭탄이라는 채찍과 함께 통화 스와프 계약이나 달러 대출을 통해 달러 유동성을 제공해주는 당근을 동시에 제시함으로써 불만을 무마하고 시장 안정을 이루겠다는 취지다.

미국이 고관세 정책을 통해 자국 경제를 안정시키고 육성하는 과정에서 다른 나라들은 경기 불황과 외환시장 불안을 겪을 수밖에 없다. 실물경제의 불황은 트럼프가 얘기하는 '무역에서의 상호주의'를 적용하는 데 따라 발생한 것이다. 하지만 외환·금융시장의 불안은 미국의 일방주의에 기인한다.

다른 나라 입장에서는 미국에 대해 외환·금융시장의 상호주의를 주장하고 이를 관철시키는 것이 필요하다. 그래야 미국과의 상호주의가 제대로 작동하는 것이라고 볼 수 있다.

미중 사이에 끼인
한국의 선택

 미중 무역전쟁은 세계경제에 상수로 자리 잡았다. 갈등이 격화될 조짐만 보여도 시장이 요동친다. 트럼프 미국 대통령이 중국에 대해 100% 관세를 부과하겠다고 발표한 2025년 10월 10일 미국 다우 평균은 1.9%, S&P500 지수는 2.7%, 나스닥 지수는 3.6% 급락했다. 기업들의 시가총액은 하루 새 7,700억 달러(1,100조 원)가 증발됐다. 같은 날 국제 유가는 4.2% 떨어졌고 10년만기 미국 국채도 급락했다. 한국 외환시장도 유탄을 맞아 원/달러 환율이 하루에 20원이나 올랐다. 2025년 4월 미국이 중국을 포함한 전 세계를 상대로 상호관세를 발표한 날도 나스닥 지수는 이틀 연속 10% 넘게 빠졌다.
 미국의 압박과 이에 대한 중국의 대응이 글로벌 실물경제는 물론 금융시장까지 소용돌이에 몰아넣는 상황은 지속될 수밖에 없다. 미국과 중국 사이에 끼인 한국은 이를 어떻게 풀어가야 할까?
 2025년 기준으로 중국은 우리나라의 최대 수출국이고 미국은 우리나라가 최대 무역 흑자를 보는 나라다. 중국과 미국을 대상으로 한 우리나라의 무역구조는 국가별로 사뭇 다르다.

우리나라와 중국 간의 무역은 동종업종 간의 무역이 많은 비중을 차지한다. 무역협회에 따르면 2024년 HS6단위(국제상품분류체계) 기준으로 우리나라가 중국에 가장 수출을 많이 하는 품목은 메모리 반도체로 수출액이 총 258억 달러에 달한다. 이 분야에서 우리나라는 중국으로부터 158억 달러를 수입해 수출 대비 수입 비율이 61.3%다. 10개를 수출하면 6개는 수입한다는 얘기다. 컴퓨터 및 주변기기의 경우 우리나라는 중국에 242억 달러를 수출하는 동시에 223억 달러를 수입해 수출 대비 수입 비율이 92%다. 우리나라 삼성전자 컴퓨터를 중국에 수출하는 동시에 중국 레노버 컴퓨터를 수입해 우리나라 사람들이 소비하는 구조다.

미국과의 무역구조는 다르다. 2024년 우리나라가 미국에 가장 많이 수출한 품목은 자동차(1500~3000cc)로 수출액이 총 108억 달러다. 이 품목에서 미국으로부터 수입한 금액은 4억 9,000만 달러로 수출 대비 수입 비율이 4.5%에 불과하다. 컴퓨터와 주변기기의 대미 수출은 82억 달러이지만 수입은 1억 3,600만 달러로 수출 대비 수입 비율은 1.7%다. 반면 우리나라는 미국으로부터 원유와 프로판, 천연가스 등을 200억 달러 넘게 수입하지만 이들 분야에서 미국으로 수출하는 경우는 천연가스 850만 달러가 유일하다.

한마디로 중국은 동종업종 간 교역이 많은 부분을 차지하고 미국은 이종업종 간 교역이 대부분을 차지한다. 중국과는 동종업종에서의 분업과 경쟁을 하는 관계이고 미국과는 다른 업종에서의 비교우

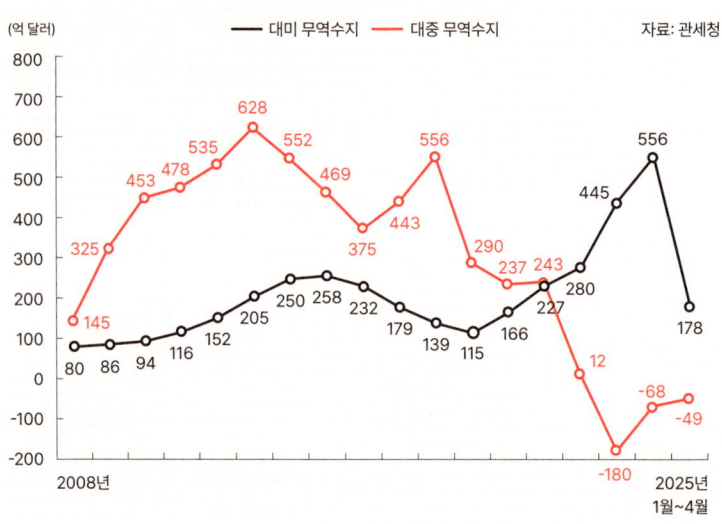

위를 통해 서로가 약한 부분을 보완해주는 교역을 하는 관계다.

이런 이유 때문에 **우리나라는 미국과 중국 시장 어디도 놓칠 수 없다.** 중국과의 교역이 위축되면 글로벌 공급망에 타격을 입게 되고 미국과의 교역이 위축되면 에너지처럼 우리나라에 비교우위가 없는 물건을 비교적 싸게 구하기가 어려워지기 때문이다.

미중 무역전쟁이 격화된다고 해서 우리나라가 어느 한 편을 드는 것은 경제적으로 득보다 실이 많다. 이런 이유 때문에 우리나라는 미중 간의 무역전쟁에서 이데올로기적인 측면보다는 철저하게 실용적인 측면에서 접근해야 한다. 우리나라가 소규모 개방경제인 점을 감안하면 다자간 논의 틀에서 많은 문제를 해결하고 미중과 직접적으로 담판을 짓는 것은 최대한 피하는 것이 바람직하다.

금융 분야는 실물경제와 또 다른 특성이 있다. 미국과 중국 간의 힘의 차이가 뚜렷하다. 또 우리나라는 미국 달러 영향권 아래 있다. 국제결제은행BIS 자료에 따르면 글로벌 외환시장에서 달러의 거래 비중이 중국의 20배가 넘는다. 한국 외환시장에서 원/달러 현물 거래량은 일평균 150억 달러, 원/위안화 거래량은 40억 달러로 원/달러 거래가 압도적으로 많다.

특히 원/달러 환율은 우리나라의 대외신인도와 직결돼 있고 대외신인도의 변화에 따라 한국에 들어온 외국자본의 움직임이 좌우되기 때문에 우리나라 금융·외환시장은 달러의 움직임에 훨씬 더 민감하다. 1997년 달러 부족으로 외환위기를 겪은 우리나라 입장에서는 현실적으로 금융·외환시장에서 미국에 의존적일 수밖에 없는 상황이다.

이런 이유 때문에 우리나라 거시경제 정책은 독립적이지 못하다. 미국이 기준금리를 내리는데 우리가 금리를 올리는 정책을 펴기는 어렵다. 반대도 마찬가지다. 큰 방향에서 미국의 금리정책을 따라가면서 미세한 조정을 하는 것이 우리나라 경제정책의 방향이다. 환율의 흐름도 미국을 따라갈 수밖에 없다. 방향은 달러의 흐름을 따라가지만 외환시장의 큰 충격에 대해서는 정책을 통해 조정해나가는 정도의 독립성만 유지된다.

1970~80년대 우리나라는 만성적으로 달러가 부족한 나라여서 수출 과정에서 가격을 낮추거나 인위적인 환율 조정을 통해 수출을

늘리는 정책을 추진했다. 하지만 경제 규모가 커지면서 2000년대 들어서는 더 이상 이런 방식의 정책은 쓸 수 없다. 가격을 낮추면 덤핑으로 제재를 당하고 환율 정책을 과도하게 펼 경우 '환율조작국'으로 낙인이 찍힐 가능성이 높기 때문이다.

거시경제 정책의 한계 때문에 우리나라는 미시적인 경제정책을 통해 실리를 챙겨야 한다. 기술 경쟁력을 한층 강화해 우리나라 제품의 질을 높이는 것이 세계 무대에서 살아남을 수 있는 거의 유일한 길이다. 산업 경쟁력을 높여 외풍이 닥치더라도 대외거래에 타격을 입지 않도록 대비하는 것이 중요하다. 소규모 개방경제에 닥친 숙명 같은 일이다.

수출 기업과
내수 기업의 양극화

무역전쟁이 초래할 양극화 문제에 대해서도 선제적 대비가 필요하다. 한국 기업들이 처한 현실을 살펴보면, 미국의 상호 관세 조치가 어떤 파급효과를 가져올지 쉽게 유추할 수 있다.

수출은 기업에게 새로운 시장을 열어주는 기회이지만, 동시에 상당한 비용과 리스크를 수반한다. 해외 운송비, 통관 절차, 환율 변동, 품질 규제 대응 등 다양한 부담을 감당해야 하기 때문이다. 따라서 이러한 위험을 흡수할 수 있는 자본력과 생산 효율성을 갖춘 대기업이 주로 수출을 담당하는 구조가 형성됐다. 다시 말해, 수출 경쟁력은 곧 기업 규모와 생산성의 함수인 셈이다.

이런 상황에서 미국이 한국산 제품에 고율의 관세를 부과한다면, 수출품 가격이 상승해 가격 경쟁력이 떨어지고, 자연스럽게 미국의 수요는 감소하게 된다. 문제는 여기서 그치지 않는다. 수출길이 막힌 대기업들은 남은 물량을 다른 나라로 돌리거나 국내시장에 풀 수밖에 없는데, 이 경우 국내시장의 경쟁 구도에도 변화가 생긴다.

수출기업의 제품은 일반적으로 내수기업 제품보다 품질이 좋고 브랜드 인지도가 강하다. 만약 이들이 국내시장으로 대거 진입하게 되면, 소비자들은 자연스럽게 수출기업의 제품을 선호하게 된다. 그 결과 내수 중심의 중소기업들은 매출 감소 압박에 직면하고, 시장 점유율이 줄어들면서 구조적 불균형이 심화된다. 결국 미국의 관세는 표면적으로는 수출기업에 대한 조치처럼 보이지만, 실질적으로는 국내 내수기업과 중소기업에 더 큰 타격을 주는 구조다.

또한 대기업과 중소기업은 긴밀한 공급망으로 연결돼 있다. 대기업의 수출이 줄어들면 그 밑단의 부품·소재 중소기업까지 연쇄적으로 피해를 입는다. 이는 생산량 감소, 고용 축소, 투자 위축으로 이어져 경제 전반의 하방 압력으로 작용한다.

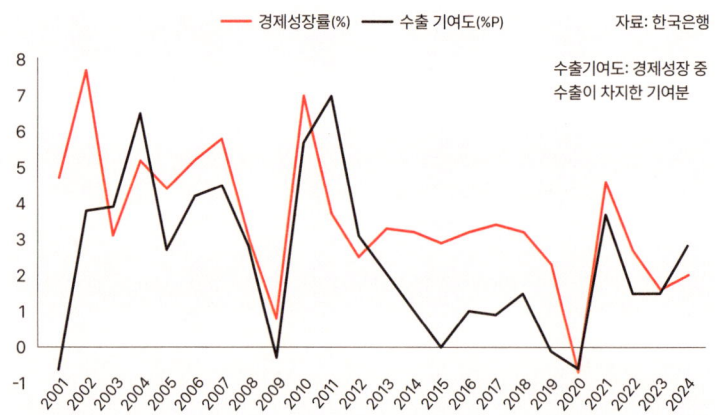

경제성장률과 수출 기여도 추이

한국의 수출의존도는 상당히 높다. 한국은행에 따르면 2001년부터 2025년까지 평균 성장률은 3.5%다. 이 중 수출 기여도가 평균 2.4%p에 달한다. 성장률 3.5% 중 수출로 인해 2.4%가 성장했고 내수로 인해 1.1%가 성장했다는 얘기다. 성장의 70% 정도를 수출에 의존하는 구조다. 특히 2023년 이후 한국 경제의 내수 부진이 심해지면서 수출이 경제성장에서 차지하는 비중이 한층 더 커졌다.

2024년 기준으로 **수출이 국내총생산GDP의 약 44%**를 차지하며, 이 중 **대미 수출 비중은 19%**에 달한다. 단순 계산으로도 국내 GDP의 약 8.4%가 미국 시장과 직접적으로 연결돼 있다는 의미다. 따라서 미국이 부과한 관세로 대미 수출이 10%만 줄어들어도, 국내 GDP의 0.8%가 증발하는 셈이다. 하지만 이 수치는 단순한 1차적 효과에 불과하다. 수출 감소로 기업 수익이 줄면 투자와 고용이 위축되고, 가계소득이 줄어 소비가 둔화되면서 경제 전반의 파급효과는 더 크게 확대된다.

즉, 미국의 관세 강화는 한국 경제의 성장률을 끌어내리는 거시적 충격과 함께, 대기업과 중소기업 간 양극화를 심화시키는 구조적 부작용을 동시에 초래할 가능성이 높다.

기업들의 업종별 양극화도 예상된다. 미국발 관세전쟁으로 인한 효과가 업종별로 다양하게 나타날 것이기 때문이다. 예를 들어, 반도체 업종의 경우 미국과 중국 간 무역전쟁으로 미중 간 교역이 끊기면 한국이 이들 품목 생산기지로 떠오를 가능성이 높아 새로운 기회가 생길 수 있다. 반면 철강 업종은 미국이 전 세계를 상대로 품목별 관세를 부과하고 있어 한국 철강업계도 직격탄을 맞는 것이 불가피하다. 각 업종의 글로벌 경쟁력과 무관하게 관세전쟁의 타깃이 되느냐의 여부가 해당 산업의 생존을 가늠짓는 요인이 될 수 있는 것이다.

기업들이 당면한 불확실성도 커진다. 미국의 관세는 세계 무역질서를 약탈적 상호주의로 몰아넣는다. 각국은 미국과의 관계에서 형성된 무역 질서를 다른 나라에 그대로 적용할 수 있다. 미국의 관세로 피해를 입은 업종을 보호하기 위해 다른 제3국에 대해 관세나 수입 제한 조치들을 취할 가능성이 높다. 예를 들어, 중국이 대미 수출이 어려워지면 자국 수출기업을 보호하기 위해 관세를 통해 한국을 포함한 다른 나라의 수입을 막는 식이다. WTO를 주축으로 한 다자간 무역 질서가 무너지면 각국은 각자도생의 분위기가 강해지고 이 과정에서 관세라는 도구는 무분별하게 사용될 가능성이 높아진다.

고용불안과 개인의 양극화 현상

기업의 양극화는 해당 업종에 종사하는 근로자들을 비롯한 개인의 양극화로 이어진다. 관세전쟁의 무풍지대에 있는 기업의 근로자는 타격을 입지 않지만 관세전쟁의 직격탄을 맞는 업종의 근로자들은 구조조정과 임금 감소가 불가피하다.

아울러 관세전쟁으로 수출이 위축되면 대기업들은 국내를 떠나 미국으로의 진출을 모색한다. 트럼프가 노리는 것도 이런 것이다. 미국에 진출해 미국인들을 고용하고 미국에서 물건을 만들면 미국의 제조업이 부활할 수 있다는 것이다. 우리나라 수출 대기업들의 국내 투자는 위축되고 해외 투자가 늘어나면 국내 고용은 더 줄어든다. 고용이 줄어들면 국내 생산이 줄어들고 소비와 투자도 위축된다. 소비와 투자가 위축되면 국내 경기는 불황을 겪게 된다. 이런 악순환의 고리 역시 양극화를 심화시키는 요인이다.

금융시장의 불확실성이 커지는 것도 양극화를 키우는 요인이다. 트럼프가 대통령에 당선된 2024년 11월 이후 미국 금리와 주가는 무역전쟁과 관세 이슈가 불거질 때마다 큰 폭으로 출렁거린다. 각국의 금융과 외환시장도 이를 반영해 변동성이 커지고 있다. 특히 한국의 경우 원화값이 떨어지고 외환 시장의 불안정성이 커지는 것이 경제의 불안요인이다. 금융시장의 이런 분위기 역시 소수의 승자와 다수의 패자를 만들어내는 원인이다. 정부가 트럼프발 관세전쟁으로 본격화할 양극화를 막기 위해 적극적인 정책을 모색해야 할 때다.

에필로그

관세 IQ 높이는 법

2010년대 미국에서 관세를 공부하면서 몇 가지 느낀 점이 있다.

먼저 관세를 결정하는 경제학 모델에는 늘 '정치'가 변수로 포함된다. 다른 분야의 경제학 모델에는 정치가 변수로 들어가는 경우가 별로 없다. 하지만 관세를 결정하는 모델을 만들 때 정치 변수가 포함되지 않으면 한 나라의 관세를 설명할 수 없다. GATT와 WTO, FTA 등 무역협정을 통해 각국의 관세를 정할 때도 정치는 중요한 변수로 고려된다.

관세는 또 상대적이다. 관세란 다른 나라가 없으면 성립조차 되지 않는 개념이다. 관세를 설명할 때는 항상 다른 나라의 존재와 입장을 고려해야 한다. 어느 한 나라가 일방적으로 손해 보는 관세란 없다. 경제학은 이를 '상호주의'라고 불렀다.

정치가 개입되고 상호주의 논리가 적용되면 관세를 설명하는 과정이 훨씬 복잡해진다. 그럼에도 어느 하나를 빼놓고 현실을 설명하는 것은 의미가 없다. 애덤 스미스가 '선택의 자유와 보이지 않는 손'

의 개념으로 경제를 설명하는 것처럼 관세를 논할 때 '정치와 상호주의'가 빠지지 않는다. GATT와 WTO로 대변되는 제2차 세계대전 후의 국제 무역 질서도 국제 정치와 상호주의의 산물이다.

2025년 도널드 트럼프 미국 대통령에 의해 촉발된 '관세전쟁'도 큰 틀에서는 이 문법을 벗어나지 않는다. 정치가 트럼프를 움직였고 그 역시 상호주의를 앞세운다. 용어는 비슷하지만 내용은 사뭇 다르다.

WTO의 상호주의가 각국의 발전 정도를 감안한 '상대적 균형'을 추구한다면 트럼프의 상호주의는 국가 간 차이를 인정하지 않는 '절대적 균형'을 내세운다. WTO의 상호주의가 국가 간 '무역 확대를 통한 이익 증진'을 주장하는 반면 트럼프는 '미국 무역 적자의 축소'가 목표다. 더 근본적인 차이점은 WTO는 상호주의 협상의 결과가 관세인 반면 트럼프에게는 관세가 협상의 이유이자 출발점이고 이를 통해 그가 내세우는 상호주의를 관철시키려고 한다. 인과관계가 정반대인 셈이다.

트럼피즘은 이 시대의 일시적인 이단일까? 러시아의 마트료시카 인형처럼 트럼피즘을 한 꺼풀 벗겨보면 미국이 처한 상황이 나온다. 천문학적인 국가 부채, 몰락하고 있는 제조업, 중국의 부상에 전전긍긍하는 미국의 모습이 드러난다. 한 꺼풀 더 벗겨보면 미국의 과거가 보인다. 미국은 어려울 때 문제를 자국 내에서 풀지 않고 최대한 다른 나라로 전가시켜 시간을 벌고 그동안 자국의 문제를 해결하기 위해 노력하는 과정을 반복해왔다.

강조하고 싶은 것은 트럼프가 만든 국제 질서는 상당 기간 지속될 것이라는 점이다. 트럼프 이후에도 제2, 제3의 트럼프가 계속 등장하며 전 세계를 긴장 국면으로 몰아넣을 것으로 예상된다. 관세전쟁을 통해 미국이 완벽한 승자가 되거나 아니면 완벽한 패자가 돼야 새로운 질서가 등장할 가능성이 높다. 그때까지 각국은 불확실성 속에서 생존을 모색해야 할 것이다.

개인도, 기업도 '관세 IQ'를 높이는 것이 생존을 위해 필수인 시대다. 관세 IQ를 높이기 위해서는 정확한 사실을 알아야 한다. 관세의 역사와 관세를 관통하는 이데올로기, 관세를 무기화하는 이론적 근거 등에 대한 이해가 있어야 관세의 변화에 따른 세계경제의 흐름을 읽을 수 있다.

관세를 한 꺼풀 벗기면 트럼프가 보이고 트럼프를 한 꺼풀 벗기면 미국의 현실과 역사가 보인다. 그동안 공부한 지식과 취재 경험을 바탕으로 여기까지 서술해보려고 노력했다. 객관적인 사실과 주장을 담으려고 했지만 글을 쓰면서 주관이 개입될 수밖에 없다는 점은 인정하지 않을 수 없다. 논리적 비약이나 오류가 있다면 오롯이 저자의 책임이다. 아울러 미래의창 출판사를 비롯해 이 책이 나오기까지 도움을 주신 많은 분들께 깊이 감사드린다.

자유무역에서 약탈의 시대로
트럼피즘과 관세전쟁

초판 1쇄 발행 2025년 12월 2일

지은이 노영우
펴낸이 성의현
펴낸곳 미래의창

주간 김성옥
편집장 정보라
디자인 공미향
홍보 & 마케팅 권장규·정명진·이건효

등록 제2019-000291호
주소 서울시 마포구 잔다리로 62-1 미래의창빌딩(서교동 376-15, 5층)
전화 070-8693-1719 **팩스** 0507-0301-1585
홈페이지 www.miraebook.co.kr
ISBN 979-11-24073-05-6 03320

※ 책값은 뒤표지에 표기되어 있습니다.

생각이 글이 되고, 글이 책이 되는 놀라운 경험. 미래의창과 함께라면 가능합니다.
책을 통해 여러분의 생각과 아이디어를 더 많은 사람들과 공유하시기 바랍니다.
투고메일 togo@miraebook.co.kr (홈페이지와 블로그에서 양식을 다운로드하세요)
제휴 및 기타 문의 ask@miraebook.co.kr